KB059197

나의 슬기로운 감정생활

일, 관계, 인생이 술술 풀리는 나쁜 감정 정리법

나의 슬기로운 감정생활

이동환 지음

비즈니스북스

나의 슬기로운 감정생활

1판 1쇄 발행 2018년 3월 30일
1판 13쇄 발행 2023년 5월 31일

지은이 | 이동환
발행인 | 홍영태
편집인 | 김미란
발행처 | (주)비즈니스북스
등 록 | 제2000−000225호(2000년 2월 28일)
주 소 | 03991 서울시 마포구 월드컵북로6길 3 이노베이스빌딩 7층
전 화 | (02)338−9449
팩 스 | (02)338−6543
대표메일 | bb@businessbooks.co.kr
홈페이지 | http://www.businessbooks.co.kr
블로그 | http://blog.naver.com/biz_books
페이스북 | thebizbooks
 ISBN 979−11−6254−009−1   03190

비즈니스북스는 독자 여러분의 소중한 아이디어와 원고 투고를 기다리고 있습니다.
원고가 있으신 분은 ms1@businessbooks.co.kr로 간단한 개요와 취지, 연락처 등을 보내 주세요.

제2장 · 나쁜 감정 정리법
다 된 일에 괜한 걱정 뿌리는 습관 버리기

제3장 · 슬기로운 생각 습관 트레이닝
거창한 변화 없이 일과 인생이 가뿐해지는 생각법

제4장 · 슬기로운 생활 습관 교정법
습관 하나 바꿨을 뿐인데, 인생 전체가 달라진다

행복해지려 애쓰기 전에 나쁜 감정부터 버리자

중대원을 무자비하게 폭행해 사망에 이르게 했다는 누명을 쓰고 서부 교도소에 들어온 유 대위. 교도소에 있는 인간들과 친해지고 싶은 생각이 1도 없는 그는, 고슴도치마냥 가시를 잔뜩 세우고 있다. 억울함과 분노를 해소할 길 없어 자신과 타인, 세상 모든 것에 잔뜩 화가 난 채 아무도 다가오지 못하도록 얼굴에 "제발 나 좀 건드리지 마!"를 달고 다닌다.

그러던 어느 날, 교도소 탈의실에서 감방 동료들의 문제를 해결하기 위해 이것저것 알아보느라 분주한 김제혁이 신경에 몹시 거슬린다. 쓸데없이 남 일에 끼어들어 해결사를 자처하는 오지랖도 싫은데,

감옥에서 저토록 즐거운 표정이라니…. 삐딱한 시선으로 김제혁을 바라보던 유 대위가 결국 한마디를 날린다.

"교도소 체질이신가 봅니다. 여기 생활이 즐거워 보여서요. 아니면 아무 생각이 없으신 건가?"

비아냥이 섞인 유 대위의 뾰족한 말에 김제혁은 감정의 동요 없이 담담하게 대꾸한다.

"나도 하나도 안 즐거운데. 나도 너처럼 매일 매일이 억울하고 화나. 그런데 어떻게 계속 그렇게 살아. 계속 그렇게 못 살아. 여기가 좋아서가 아니라 살아야 하니까 이러는 거야. 이렇게 하지 않으면 버틸 수가 없으니까. 유 대위님, 대위님 억울한 건 잘 알겠는데 살고 싶으면 그 화를 다스려야지, 안 그러면 못 버텨. 못 산다고."

한동안 인기를 끌었던 드라마 〈슬기로운 감빵생활〉의 한 장면이다. 김제혁의 말처럼 억울하고 화나는 건 유 대위뿐만이 아니다. 넥센히어로즈의 특급 마무리투수였으며, 메이저리그 계약을 앞두고 있던 김제혁 역시 원치 않는 사건에 휘말려 교도소에 들어오게 되었다. 슈퍼스타에서 범죄자로, 그야말로 하루아침에 인생이 곤두박질치고 말았으니 억울함으로 따지자면 유 대위보다 못할 게 없다.

물론 감옥이라는 배경 설정이 다소 극단적이긴 하지만, 감옥이든 어디든 이처럼 사람마다 힘듦, 짜증, 슬픔, 좌절, 불안, 우울, 분노 등의 감정을 견디는 방식은 각기 다르다. 극도로 힘겨운 상황에서도 누구는 자신을 지키며 버텨내기 위해 노력하고, 누구는 인생이 무너진

듯 포기해버리고, 누구는 뾰족한 가시로 자신과 남을 찌른다. 같은 상황에서도 그것을 받아들이고 반응하는 방식이 이토록 다른 이유는 무엇일까? 부정적 감정이 지배하는 상황에서도 그 감정들에서 빨리 벗어나 긍정적 에너지를 찾는 이들에겐 어떤 힘이 존재하는 걸까?

감정은 정말 조절이 불가능할까

지금까지 사람의 '감정'은 심리적인 부분에서만 다루어진다고 생각해왔다. 마음의 상처로 감정이 흔들리면 위로받아야 하고, 상처 받은 감정을 보듬어주어야 한다고 생각한 것이다. 감정은 내 마음대로 할 수 있는 부분이 아니라고 믿어왔기 때문이다. 물론 상처 받은 감정을 위로하고 보듬는 것은 중요하다. 하지만 감정을 제대로 이해하고 스스로 관리하며 조절하는 것은 더욱 중요하다.

감정을 조절하는 것은 거의 불가능하다고 말하는 사람들이 있다. 또 감정은 성격과 연결되어 있기 때문에 타고난 사람의 성격을 바꾸기 힘들 듯, 감정을 바꾸는 것 또한 거의 불가능하다고 생각하는 사람도 많다. 그런데 꼭 그렇지만은 않다. 왜냐하면 사람은 아주 복잡한 동물이기 때문이다.

사람은 육체를 가지고 있는 생물학적인 존재인 동시에 마음과 정신을 갖고 있으며, 생각할 수 있는 동물이다. 감정은 몸으로 표현되기도 하고, 반대로 몸의 상태나 표현에 의해서 감정이 바뀔 수도 있다.

즉 몸과 감정은 밀접하게 연결되어 있으며 유기적으로 관계를 주고받는다. 그뿐 아니라 사람은 다른 동물과 다르게 자신의 감정을 학습할 수 있으며, 그러한 과정을 통해서 스스로 감정을 조절하는 힘을 가질 수도 있다. 고난과 역경이 닥쳐도 잘 이겨내는 사람들이 있는 건 그런 이유 때문이다.

현대의학으로 시작해서, 기능의학과 심신의학을 공부하고 진료한 경험들은 나에게 새로운 지평을 열어주었다. 감정을 조금 다른 시각으로 더 깊이 바라보게 해준 것은 물론이고, 사람의 몸과 감정은 따로 떨어뜨려놓고 생각할 수 없다는 사실을 깨닫게 해주었다. 나아가 궁극에는 몸과 감정의 변화를 통해서 삶도 변화될 수 있다는 사실을 알게 되었다.

자기감정의 주인으로 사는 법

인간의 감정을 잘 이해할 수만 있다면 우리 삶은 달라질 수 있다.

그동안 만성피로와 스트레스에 시달리는 수많은 환자들을 만나면서 그들의 삶이 변화되는 과정을 지켜보았다. 자신의 마음을 들여다보고 감정을 이해하게 되면서 치유가 일어나기도 했고, 마음이 평안을 찾자 몸이 함께 건강해지는 경우도 보았다. 좋은 마음을 먹으려 애쓰기 전에, 나쁜 감정을 덜어내는 노력을 함으로써 보다 긍정적인 감정 상태를 갖게 되는 사람들도 보았다.

사람은 누구든지 더 행복하고 좋은 삶으로 변화하기를 원한다. 그
러한 변화는 바로 자신의 감정을 깨닫고 치유해가는 과정에서 시작
된다는 것을 나 자신의 경험과 수많은 환자들의 임상 경험을 통해
몸소 깨달았다. 그리고 그 소중한 경험을 보다 많은 이들과 나누기
위해 이 책을 쓰게 되었다.

제1장에서는 감정이란 무엇인지를 이해하고 자기감정을 탐색하는
것으로 첫발을 뗄 것이다. 그리고 스트레스 상황이 감정에 영향을 미
칠 때 사람마다 그 반응이 어떻게 다른지를 살펴본다. 즉 스트레스와
감정이 분리될 수 있는지, 스트레스 상황에도 불구하고 좋은 감정을
유지할 뿐 아니라 오히려 성장의 기회로 삼는 사람들의 특징은 무엇
인지를 알아본다.

제2장에서는 우리가 흔히 느끼는 감정의 반응이 어디서부터 시작
되는지를 관찰해본다. 그러한 감정반응을 이해하고 공부함으로써 내
마음을 더 깊이 이해할 수 있을 뿐 아니라, 더 이상 감정에 끌려다니
지 않도록 도움을 받게 될 것이다. 내 삶을 흔드는 나쁜 감정을 덜어
내고, 감정반응을 좋은 방향으로 이끌기 위한 기초를 닦는다.

비록 '타고난 성격'을 바꾸지는 못할지라도 스트레스 상황에 대처
하는 자신의 '생각 습관'을 바꿀 수는 있다. 제3장에서는 먼저 자신의
생각 습관들을 살펴보고, 일과 인생이 편안해지는 데 도움이 되는
생각 습관을 트레이닝하는 방법들을 하나씩 살펴본다. 이 과정을 통

해서 낙관성이 증가되고 건강한 감정반응을 이끌어가는 '생각 습관'을 기를 수 있다.

마지막 제4장에서는 몸과 마음의 연결로 나타나는 현상을 이해하고, 몸을 바꿔서 감정을 관리하는 방법들을 알아본다. 또한 시련과 역경이 닥쳐도 이겨낼 수 있는 건강한 감정반응을 위한 생활 습관들을 익혀나간다. 아주 작은 습관의 변화로 인생이 조금씩 달라짐을 느낄 수 있을 것이다.

《나의 슬기로운 감정생활》을 통해서 감정이 무엇인지를 한층 더 깊이 알게 되고, 자신도 몰랐던 자신의 감정과 만나게 되기를 바란다. 내 감정과 그 작용을 이해하고, 그것을 조절하는 방법들을 익힌다면 우리는 누구라도 자기감정의 주인이 될 수 있다. 오늘보다는 내일이 조금 더 즐겁고 조금 더 평안해진다면 그것으로도 충분하지 않은가? 이 책을 통한 감정 공부는 내면이 한층 더 성장하는 행복한 삶으로 우리를 이끌어줄 것이다. 자, 이제 시작해보자!

이 동 환

등잔 밑이 어두워 몰랐던
내 마음의 사생활

스트레스와 감정은 분명 다른 것이다

진료를 받으러 온 환자들에게 나는 이런 질문을 자주 던진다.

"요즘 스트레스가 많으신가요?"

그럴 때마다 환자들은 여러 가지 대답을 들려준다.

"매일 야근에, 철야에 회사 일이 너무 바빠서 스트레스를 많이 받고 있어요."

"우리 아이가 고3이라 온통 거기에만 신경이 쓰여서 다른 일은 손에 잡히질 않네요."

"남편이랑 말이 안 통해서 자꾸 싸우게 돼요. 신경 끄고 서로 무관심하게 지낸 지 꽤 됐어요."

"요즘 경기가 어려워지니까 장사도 안 되고, 아무래도 힘들죠."

"직장 상사 중에 성격이 이상한 사람이 있어요. 그 사람 때문에 회사 가는 게 싫을 정도예요."

"고객들을 계속 만나야 하니까 스트레스 많이 받아요."

"별다른 이유 없이 괜히 불안하고, 잠이 잘 안 와서 걱정이에요."

이런 이야기를 들을 때마다 나도 모르게 공감이 된다. 비슷한 상황들이 주마등처럼 스쳐가며 저절로 고개가 끄덕여진다. 당연히 모든 사람들은 스트레스에 시달리면서 살아가고 있다. 그리고 그 스트레스 때문에 감정적으로 매우 힘들어하는 사람들이 점차 늘어나고 있다.

그런데 아주 가끔은 이렇게 말하는 사람이 있다.

"세상에 스트레스 안 받고 사는 사람이 어디 있겠어요? 그냥 잘 적응하면서 사는 거죠."

참으로 쿨해 보인다. 스트레스 상황이 있음을 인정하면서도, 감정의 흐트러짐 없이 내면을 잘 다스리는 것처럼 보이는 사람들. 도대체 이런 사람들에게는 어떤 남다름이 있는 것일까?

'스트레스'라는 단어는 우리나라에서 가장 많이 사용하는 외래어인 동시에 매우 광범위하게 다양한 의미와 용도로 사용되는 말이기도 하다. 스트레스라는 용어는 의학적, 심리학적 용어일 뿐 아니라 공학적 용어이기도 하다. 그래서 물체에 가해지는 압력과 긴장도 '스트레스'라고 표현한다.

한편 우리가 주로 사용하는 '스트레스'의 의미는 몸과 마음이 편하지 않은 상태, 즉 긴장된 상태를 가리킨다. 스트레스 상황은 나쁜 감정을 만들어내기 쉬운데, 이를테면 불안, 분노, 우울과 같은 감정들이다. 즉 스트레스는 나쁜 감정 그 자체가 아니고 나쁜 감정이 생겨나는 '원인'이다.

누명을 쓴 스트레스는 억울하다

그런데 우리는 "불안해서 스트레스 받아."라는 식으로 스트레스가 나쁜 감정의 '원인'이 아닌 '결과'인 것처럼 반대로 말하기도 한다. 이렇게 나쁜 감정이 먼저이고 그것 때문에 스트레스를 받는다고 말하는 것은, 스트레스와 나쁜 감정의 '원인'과 '결과'를 혼동한 데서 온다. 물론 일상생활에서 이러한 표현이 잘못되었다고 할 수는 없다. 그러나 스트레스를 연구하는 과학의 측면에서 보면 스트레스는 나쁜 감정의 '결과'가 아닌 '원인'이라고 보는 것이 타당하다.

결국 스트레스 상황들은 걱정과 불안, 짜증과 분노, 슬픔과 좌절, 우울과 무기력 등의 나쁜 감정을 만들어낸다. 그러한 감정에 휩싸이면 누구든지 행동이 달라지고 건강이 악화된다. 실제로 우리는 '스트레스는 만병의 근원'이라는 말을 너무 많이 듣고 살아왔다. 방송과 인터넷, SNS 등에서 얻는 정보들을 보면, 스트레스는 항상 나쁜 것이었다. 스트레스는 나를 비만으로 만들고, 혈관이 막히게 하며, 몸의 면역력을 떨어뜨리고, 염증을 일으킨다. 심지어는 스트레스 때문에 암도 생긴다. 결국 스트레스는 우리의 몸과 마음을 동시에 망치는 주범이다.

그런데 정말 그럴까? 사실은 그렇지 않다. 스트레스는 억울하다. 건강을 악화시키고 우리 몸을 망가뜨리는 진짜 범인은 스트레스가 아니라, 스트레스로 인해서 생긴 '나쁜 감정'들이다.

스트레스가 우리 몸에 해롭다는 인식을 갖게 만들어준 최초의 인물은 '한스 셀리에'Hans Selye라는 의사다. 그는 1930년대에 쥐 실험을 하는 도중 이상한 현상을 발견한다. 처음에는 쥐에게 해로운 약물을 투여하면서 그 쥐에 종양이 생기는 것을 관찰하기 위해 한 실험이었다. 한쪽 쥐들에게는 종양을 일으키는 약물을 투여했고, 다른 쥐들에게는 건강에 나쁘지 않은 생리식염수를 투여했다. 그리고 그 차이를 살펴보았다. 이게 어찌된 일인가? 양쪽 쥐 모두에서 종양이 발생했다.

한스 셀리에는 이 실험결과에 실망했다. 이론대로라면 생리식염수를 투여한 쥐들에서는 종양이 생기지 않아야 했다. 그런데 왜 이론과 달랐던 것일까? 그때 그의 뇌리를 스치는 한 가지 단서가 있었다.

생리식염수를 투여하기 위해서 한 손은 쥐를 잡고, 다른 한 손은 주사기로 쥐의 복부를 찔러야 했다. 쥐들에게 주사를 놓을 때마다 그는 곤욕을 치르곤 했다. 워낙 손재주가 없었던 터라 쥐에게 주사를 놓을 때마다 한 번에 주입하지 못하고 여러 번 쥐를 괴롭혀야 했다. 그러한 과정에서 쥐가 정신적인 충격을 많이 받게 된 것이 종양의 원인이 아닐까 추측했다. 그 후 그는 스트레스반응이 결국 종양을 만들게 된다는 사실을 밝혀내면서 스트레스 연구에 큰 업적을 남겼다.

우리 마음을 괴롭힌 진범은 나쁜 감정들

수년 전 마음 아픈 소식을 접했다. 동창의 부고 소식이었다. 당시 40대였던 친구의 갑작스런 소식에 참으로 황망했다. 장례식장에서 다른 친구들을 만나 그동안 그 친구가 어떻게 살아왔는지를 들을 수 있었다.

몇 년 못 보고 지낸 사이, 그 친구에게는 너무나 큰 시련이 있었다. 법적인 문제에 휘말리면서 재판을 받았고, 아내와는 이혼소송을 하는 등 절망적인 일들을 오래도록 겪었다. 그 과정에서 심리적으로 만신창이가 되어버린 그는, 결국 급성 백혈병에 걸렸다. 평소 건강했던 친구가 급성 백혈병으로 사망하는 것을 보면서 극심한 스트레스가 우리 몸을 어떻게 망가뜨리는지를 실감했다.

우리 주위를 둘러보면 이런 경우를 종종 볼 수 있다. 건강했던 친구 또는 가족이 심한 스트레스를 받고 힘들어하다 병에 걸리는 일 말이다. 혈관이 막혀서 생기는 뇌졸중과 심근경색증도 스트레스와 깊은 관련이 있다. 우리나라 사망률 1위를 차지하고 있는 암은 스트레스와 꽤 밀접하다. 미국의 암 방사선 치료 전문의 '칼 사이먼튼'Carl

Simonton 박사는 인터뷰에서 이런 말을 했다.

"지금까지 수많은 암 환자들을 만나서 치료해왔습니다. 그런데 그 환자들과 상담해본 결과, 거의 대부분의 암 환자들이 암이 발병하기 전 6개월에서 2년 사이에 아주 극심한 심리적 스트레스를 받았음을 알게 됐습니다."

이러한 이야기를 들으면 역시 '스트레스는 만병의 근원'이 틀림없는 것처럼 보인다. 그런데 나는 여기서 말을 조금 바꾸고 싶다. '스트레스'를 '나쁜 감정'으로 바꾸는 것이다. 스트레스는 만병의 근원이 아니라 '나쁜 감정이 만병의 근원'이다.

한스 셀리에의 수많은 연구와 업적은 우리에게 '스트레스는 무조건 나쁘다'는 인식을 심어주었다. 그런 인식 때문에 우리는 문제의 주범인 스트레스를 피하면서 살아야 한다고 생각해왔다. 그런데 이미 살펴봤듯이 이것은 잘못된 개념이다. 스트레스를 피하는 것은 불가능하다. 우리가 피해야 할 것은 스트레스가 아니라 '나쁜 감정'이다. 결국 건강을 위해 신경 써야 할 것은 우리를 괴롭히는 나쁜 감정을 알아차리고 피하는 것이다.

사실 이 글을 쓰고 있는 나도 오랫동안 나쁜 감정에 휩싸인 채 살았던 시절이 있다. 그 이유는 타고난 성격 때문이다. 나는 완벽주의자여서 늘 걱정이 많았다. 안 해도 되는 걱정을 미리 하는 습관이 있었고, 이런 생각 습관은 늘 내게 불안감과 긴장감 등 나쁜 감정을 안겨주었다.

이런 성격은 몸에도 나쁜 변화를 가져왔다. 살이 쉽게 찌는 체질이된 것이다. 한참 스트레스를 받으면서 나쁜 감정에 싸여 있던 시절 내 몸무게는 거의 100킬로그램에 육박했다. 고도비만이었다. 그뿐만이 아니다. 아주 어릴 때부터 늘 입안이 허는 입병을 달고 살았다. 한번 입병이 생기면 입안의 살이 움푹 패여 음식을 먹을 때마다 아프고 고통스러웠다. 상처가 다 아무는 데 거의 2주가 걸렸다. 너무 자주 입병이 생겨서 나이 마흔이 될 때까지 입병을 앓은 기간만 족히 20년은 되는 것처럼 느껴질 정도다.

그렇다면 나쁜 감정들이 정말 이런 병을 유발한다는 의학적 논거는 무엇일까? 심리적인 불안감은 우리의 자율신경계에 불균형을 만든다. 그뿐 아니라 몸에 좋지 않은 호르몬들이 지속적으로 분비되게 만든다. 결국 면역력에도 문제가 생기고 면역의 균형이 깨지게 되어서 염증반응이 생긴다. 의학적으로 정리된 이론들은 대게 이런 흐름으로 설명한다.

그런데 신기하게도 그렇게 나를 괴롭히던 입병이 점차 사라지기 시작했다. 지금은 1년에 한 번 정도 입병이 생기는데, 그 이유는 피곤하고 힘들어서가 아니라 음식을 급하게 먹다 입안을 깨물어서다. 이제는 입병으로 고생하는 일은 거의 없다.

둘인 듯 하나인 몸과 마음, 네가 아프면 나도 아프다

무엇이 이런 변화를 만든 것일까? 몸의 면역력이 변화하는 복잡한 원리와 이야기는 잊고 단순하게 말하자. 나의 감정이 바뀐 것이 원인이다. 늘 걱정하고 긴장하며 불안해하던 나의 감정들이 훨씬 편안해지면서 입병도 사라졌다. 물론 나쁜 감정이 완전히 사라진 것은 아니다. 그것은 불가능하다. 다만 이제는 적당히 걱정하고 적당히 불안해한다. '나쁜 감정'에서 많이 벗어났고, 감정의 변화가 몸의 변화까지도 만들어냈다.

그렇다면 나의 스트레스 상황이 줄어든 것일까? 꼭 그렇다고 볼 수는 없다. 나는 여전히 남들이 쉬는 토요일에 진료한다. 화, 수, 목요일에는 전국을 다니면서 강의하고, 시간이 허락하는 대로 방송도 한다. 시간적으로 여유 있는 삶은 절대 아니다. 오히려 과거보다 더 많은 일을 하며 압박을 받고 있다. 강의 준비에 대한 부담, 여러 곳에 기고하는 원고의 마감일 압박, 새로 쓰기 시작한 논문으로 인한 긴장감 등 여전히 상당한 스트레스 상황임에 틀림없다.

그런데도 예전보다 마음이 편안해진 이유는 무엇일까? 그동안 나는 크나큰 감정의 변화를 겪었다. 나이 마흔이 다 되어서 공부한 심신의학을 통해 내 감정을 보다 제대로 알게 되었기 때문이다. 그리고 나의 감정을 깨닫기 시작하면서 스트레스 상황과 감정을 분리할 수 있다는 것도 알게 되었다. '과도한 불안감'이 '적당한 걱정'과 '적당한 도전감'으로 바뀌어나가기 시작한 것이다. 더불어 나의 마음과 몸뿐 아니라 삶도 달라지기 시작했다.

이 책의 목적은 독자들의 나쁜 감정들을 완전히 사라지게 하고 앞으로 늘 행복하게 살아갈 수 있는 방법을 제시하려는 게 아니다. 그런 마법 같은 방법은 존재하지 않을뿐더러 가능하지도 않다. 다만 한 가지 분명한 것은, 우리는 스트레스를 받지 않거나 아무 걱정 없이 살아갈 수 없는 존재들이라는 점이다. 그러니 이런 현실을 인정하는 데서 시작해보자.

스트레스가 없는 상황은 불가능하다. 살아가면서 다양한 상황과 사람을 만나고, 거기서 심리적 압박과 갈등을 겪으며 스트레스 상황에 놓일 수밖에 없다. 우리가 할 일은 스트레스를 부정하는 게 아니라 인정하고 잘 다루어나가는 것이다. 스트레스 자체를 부정하고 지나친 긍정이나 망상적인 낙관으로 회피하는 것은 오히려 위험할 수 있다. 그래서 자신의 감정을 살피고 공부하는 것은 매우 중요하다.

먼저 나의 감정을 알아차리고 그러한 감정이 왜 생기는 것인지 내면과 대화를 시도해보자. 그런 후에 감정조절을 위한 생각 습관과 생활 습관을 실천해나가다 보면, 적당히 걱정하는 방법을 알게 된다. 즉 일상을 망치는 과도한 걱정과 불안, 분노가 아니라 활기와 긴장감을 주는 정도의 걱정, 불안, 분노의 감정을 스스로 느끼면서 어려운 상황에 적응해나가는 방법들을 익히게 된다. 그러한 작은 변화가 결국은 우리 삶의 방향을 바꾸고 서서히 큰 변화로 이어질 것이다.

고통 속에서도 웃는 사람들의 감정 비밀

대학병원 인턴 시절 화상환자를 맡은 적이 있다. 벌써 25년도 넘은 일이지만 아직도 그 환자의 기억이 생생하다. 건장한 젊은 청년이던 그 환자는 가스폭발 사고를 당했는데, 전신에 2도 이상의 화상을 입었다. 화상의 범위 정도를 의학에서는 퍼센트로 측정한다. 그 환자는 전신의 피부 중 90퍼센트가 화상을 입었다. 이런 경우는 사망률도 90퍼센트다. 절망적인 상태였다. 하지만 의료진은 환자를 포기하지 않았다. 최선을 다해 열심히 치료한 결과 다행히 생사의 첫 고비를 넘기고 의식도 돌아왔다.

문제는 90퍼센트의 피부 화상을 치료하는 일이었는데, 그 일은 보통일이 아니었다. 전신에 붕대를 감고 있는 환자의 화상을 치료하기 위해서는 환자를 들어서 욕조에 몸을 담가야 한다. 그리고 약 30분 간 따뜻한 물에 천천히 불려서 붕대를 제거한다. 이때 화상 입은 상처 부위가 감염되어 악취가 진동을 한다. 살이 썩어 들어가는 부분은 칼과 가위로 제거하고 그 위에 화상치료제를 바른 뒤 다시 붕대를 감는다. 이 과정은 보통 두세 시간이 걸리는데, 그 과정 내내 피부의 통증 때문에 환자가 겪는 고통은 이루 말할 수 없을 정도다. 환자를 욕조와 침대로 들어 옮기는 일도 쉽지 않아서 장정 두세 명이 힘을 써야 한다. 그리고 붕대를 감는 과정에서도 많은 사람들이 동시에 처치해야 한다.

스트레스가 우리를 더 건강하게 만든다

그 환자에게는 하루하루가 지옥과 같은 고통의 시간이었을 것이다. 그런데 항상 그 옆을 묵묵히 지키는 보호자가 있었다. 바로 그의 동생이었다. 형과 비슷한 체구의 건강한 남성인 그는 형의 옆에서 매 순간 함께 사투를 벌였다.

당시 인턴이었던 나는 매일 그 병실에서 두세 시간의 화상치료를 하면서 그 형제와 점점 친해졌고, 그 보호자의 태도에 조금씩 놀라게 되었다. 그는 매우 극한 상황에서도 남들과 표정이 달랐다. 일단 늘 웃음을 잃지 않았다. 상황에 어울리지 않는 그의 웃음은 오히려 이상해 보일 정도였다. 그런데 시간이 지날수록 그의 밝은 표정은 우리에게 큰 힘을 주었다.

그뿐 아니라 환자를 치료하는 과정에서 의료진을 너무나도 잘 도와주었다. 나중에는 오히려 의료진의 보이지 않는 리더가 된 듯했다. 그가 없으면 치료를 하기 어려울 정도였으니 말이다. 그는 환자를 들어서 옮기는 데도 큰 몫을 했다. 의료진이 상처를 치료하는 과정에서 생기는 환자의 고통을 덜어주기 위해서도 노력했다. 형의 귀에 대고 노래를 불러주거나 농담을 던지면서 분위기를 밝게 하려 애썼다. 그러면 환자도 따라 웃었다. 환자와 의료진 모두에게 너무나도 고통스러운 과정이었지만, 우리는 그 덕분에 힘을 낼 수 있었다.

아직도 그 보호자의 환한 얼굴이 떠오른다. 지옥과도 같은 고통 속에서도 나쁜 감정에 휘둘리지 않고 형을 돌보는 일을 묵묵히 해주었던 그는 보통 사람은 아닌 듯했다. 특히 나처럼 걱정이 많은 사람의 입장에서는 쉽사리 이해하기 어려웠다. 그 사람은 어떤 생각을 갖고 있기에 저렇게 힘든 상황에서도 초연해 보일 수 있을까? 그때 이런 의문이 들었고, 영원히 답을 찾지 못할 수도 있다고 생각했다. 당시 내가 그를 이해하는 해법은 그가 조금 특이한 '도인' 같은 사람이라고 여기는 것이었다.

그리고 10여 년의 세월이 흐른 후, 사람의 마음을 공부하기 시작하면서 조금씩 그의 감정 상태를 이해할 수 있게 되었다. 극심한 스트레스 상황에서도 초연했던 그는, 현실을 인정하고 그 현실 한가운데에 두 발을 딛고 서서 좋은 방향으로 나아가기 위해 행동하는 '현실적 낙관주의자'였다. 고통을 피하기 위해 현실을 부정하고 맹목적인 긍정으로 도피하는 '망상적 낙관주의자'와는 달랐다. 그래서 그는 스스로 나쁜 감정에 깊이 빠져들지 않았던 것이다.

낙관에 대한 이야기는 추후 이 책에서 더 자세히 다루겠지만, 스트레스 상황이 항상 우리를 나쁜 감정으로 몰아넣는 것은 아니다. 그렇다면 우리를 병들게 한다고 알려져 있는 스트레스 상황이 사람마다 다르게 작용한다는 뜻일까? 즉 누군가는 스트레스를 많이 받아도 건강하게 살아갈 수 있다는 말일까?

이러한 궁금증에 답변을 제시하는 연구가 하나 있다. 미국 마켓대학의 아비올라 켈러Abiola Keller 교수의 연구인데, '스트레스는 만병의 근원'이라는 생각을 뒤집는 엄청난 결과를 보여준다. 그녀는 약 3만 명을 대상으로 연구했으며, 그 사람들에게 다음과 같은 두 가지의 질문을 던졌다.

첫 번째 질문은 "당신은 지난 1년간 얼마나 많은 스트레스 상황을 경험했나요?"이며, 보기는 다음과 같다. 이 글을 읽고 있는 독자들도 함께 답해보자.

1. 매우 많은 스트레스 상황을 경험했다.   □

2. 중간 정도의 스트레스 상황을 경험했다.   □

3. 적은 스트레스 상황을 경험했다.   □

4. 거의 없었다.   □

두 번째 질문은 "스트레스 상황이 당신의 건강에 해롭다고 믿으시나요?"이다. 보기는 다음과 같다.

1. 그렇다고 굳게 믿고 있다.   □
2. 그렇다고 어느 정도는 믿고 있다.   □
3. 그렇다고 믿지 않는다.   □

위 두 가지 질문에 답변을 했는가? 약 3만 명의 사람들에게 이렇게 질문하고 나서 그 사람들을 약 8년간 추적 관찰해 그들의 건강상태 및 사망률을 확인했다. 그 결과 역시 우리가 쉽게 생각할 수 있는 결과가 나왔다. 지난 1년간 스트레스 상황을 매우 많이 경험한 사람들, 즉 첫 번째 질문에 1번을 선택한 사람들의 사망 위험률이 평균적으로 43퍼센트나 증가했다.

그런데 우리의 생각과 완전히 다른 점도 하나 있었다. 첫 질문에서 1번을 선택한 사람들 모두에게서 사망률이 증가한 것은 아니라는 사실이다. 첫 질문에서는 1번을 선택하고, 두 번째 질문에서 1번을 선택한 사람들에게서만 사망률이 증가하는 결과가 나왔다. 즉 스트레스 상황을 매우 많이 겪은 상태에서, 그 스트레스가 나에게 해롭다고 굳게 믿는 사람들에게서만 사망 위험률이 43퍼센트 증가했다.

그런데 첫 질문에서는 1번을 선택하고 두 번째 질문에서는 3번을 선택한 사람들에게서 신기한 결과가 나타났다. 즉 매우 많은 스트레스 상황을 경험했지만, 그 스트레스로 자신의 건강이 나빠진다고 믿지 않는 사람들에게서는 평균적으로 사망 위험률이 오히려 약 17퍼센트나 감소했다.

참으로 믿기 어려운 결과다. 아무리 스트레스 상황이 많아도 그 상황이 건강에 악영향을 미치지 않는다고 생각하는 사람들은 오히려 더 건강해졌다는 이야기다. 이를 통해 스트레스 상황이 늘 우리의 건강을 해치는 것은 아니라는 결론을 얻을 수 있다.

이 연구가 발표된 해는 2012년이다. 그 후 스트레스를 연구하는 많은 학자들은 고민에 빠지기 시작했다. 나도 마찬가지였다. '스트레스는 만병의 근원'이라는 명제를 찰떡같이 믿고 살아왔기 때문이다. 그리고 그 믿음은 수정되어야 했다. 스트레스 상황에서도 더 건강하게 잘 살아갈 수 있는 사람들이 많이 있다. 그리고 그 사람들은 스트레스가 나쁘다고 생각하지 않는 사람들이다.

'모두 스트레스 때문이야'라는 책임전가의 진실

"제가 이렇게 아픈 것이 다 스트레스 때문인 거죠?"

이런 질문을 던지는 환자들을 자주 만난다. 과거의 나는 "당연히 스트레스 때문에 더 많이 아프신 거죠."라고 단정 지어서 답변했다.

그러나 지금은 이렇게 대답한다.

"스트레스가 많다고 꼭 건강이 나빠지는 것은 아닙니다. 그런 상황에 잘 적응하실 수만 있다면 건강을 해치지 않습니다."

그렇다. 문제는 스트레스 상황이 아니었다. 그 상황에 적응하지 못하는 자신의 내면이 문제였다. 스트레스 자체의 문제가 아니라 바로 적응과 반응이 문제라는 것이다.

과거 의과대학에서 공부하던 시절 정신과 교과서에 나온 도표가 떠오른다. 그 당시 나를 충격에 빠지게 했던 그 도표는 스트레스 정도를 점수로 표시한 것이었다. 그 도표에는 우리가 인생에서 만날 수 있는 사건들이 수십 가지 열거되어 있었고, 그 사건에서 우리가 느끼는 스트레스 정도가 점수로 표시되어 있었다. 물론 상위권에 들어 있는 사건들은 그야말로 나쁜 사건들로 배우자의 사망, 투옥, 질병, 이혼과 같은 것들이었다. 그런데 상위권에 의아한 사건이 포함되어 있었다. '결혼'이었다. 결혼이 슬프거나 화가 나는 사건은 아니지 않는가. 하지만 실제로 결혼은 삶에서 변화를 경험하는 큰 '사건'이며, 우리에게 상당한 스트레스 상황임에 틀림없다.

이렇게 우리의 삶에 변화를 주는 모든 사건은 스트레스로 작용할 수 있다. 그러나 모든 스트레스가 우리를 괴롭히고 건강을 해치지는 않는다는 것을 이제는 받아들여야 할 때다. 이쯤에서 아주 궁금한 점이 하나 있다. 아마 독자들도 이런 질문을 던지고 싶을 것이다.

"그럼 스트레스를 어떻게 받아들이고, 거기에 어떻게 적응해야 더 건강하게 잘 살아갈 수 있을까?"

켈러 교수의 연구발표 이전에도 이런 질문에 대한 답을 찾기 위한 학자들의 연구는 많았다. 주로 스트레스에 대한 반응을 연구해왔으며, 나쁜 반응 연구가 주를 이루었다. 그러나 최근에 들어와서 스트레스에 대한 좋은 반응도 있다는 사실을 점차 밝혀내기 시작했고, 그때 우리가 느끼는 감정이 어떻게 달라지는지도 알게 되었다.

결국 스트레스에 대한 반응을 공부하는 것은 나의 감정을 공부하는 것과 같다. 그리고 스스로 감정에 대해 알아가는 과정에서 우리는 더욱 건강하게 적응하고 반응하는 방법들도 알아가게 될 것이다.

우리는 생존을 위협받는 얼룩말이 아니다

지금부터 당신은 조금 황당한 상상을 하게 될 것이다. 그래도 우리의 감정반응을 이해하기 위한 것이니 시도해보자.

먼저 우리가 얼룩말이 되었다고 생각하는 것이다. 나와 당신의 몸은 검은 줄무늬를 뽐낸다. 우리가 지금 서 있는 곳은 아프리카 평원. 햇살이 따뜻하다. 우리가 가장 좋아하는 맛있는 풀들이 천지에 널려 있고, 가끔 시원한 바람도 불어온다. 당신은 따뜻한 햇살을 맞으면서 맛있는 풀을 뜯어먹고 있다. 주위는 고요하고 당신은 평온하다. 이러한 안락한 상황은 우리를 평화로움으로 가득 차게 해준다.

그런데 문제는 지금부터다. 갑자기 그 평온함을 깨고 굶주린 사자가 나타났다. 그 순간 얼룩말들은 깜짝 놀란다. 생사가 걸린 문제이기 때문이다. '저 사자에게 죽음을 당할지도 모른다.' 사자를 인식한 순간 얼룩말들이 보이는 반응은 두 가지다. 하나는 '도망가는 것'이고, 다른 하나는 목숨을 걸고 '싸우는 것'이다. 안전을 위해서는 도망을 가야 하지만 그것이 여의치 않다면 죽지 않기 위해 뒷발차기라도 할 수밖에 없다. 생사가 걸린 절체절명의 극한 상황에서 가능한 선택은 언제나 이 두 가지뿐이다. 싸울 것인가? 아니면 도망갈 것인가?

스트레스 호르몬의 이유 있는 변명

과거의 많은 학자들은 '싸울 것인가' 또는 '도망갈 것인가'라는 반응에 다음과 같은 이름을 붙였다. '투쟁반응'fight response 과 '도피반응'flight response 이다.

이처럼 동물의 극한 상황을 스트레스 상황으로 설정하고 이 두 가지 반응이 스트레스에 대한 정상반응이라고 했다. 투쟁반응과 관련된 감정은 '분노'인데, 분노는 제어를 못 할 경우 싸움을 부른다. 한편 도피반응과 관련된 감정은 '불안'이다. 불안은 두려움과 연결되고 결국 도망치게 만든다. 분노와 불안은 서로 다른 감정이지만, 한편 아주 가깝게 붙어 있는 감정이기도 하다. 그래서 누군가와 싸울 때는 늘 분노와 불안이 공존한다. 공격할 수도 있고 도망갈 수도 있다.

지금 얼룩말이 처한 상황은 매우 극한 상황이다. 그러므로 몸에서는 투쟁 또는 도피를 위한 준비를 해야 한다. 이때 분비되는 호르몬들이 있는데, '코르티솔'cortisol과 '에피네프린'epinephrine이다. 이 두 가지 호르몬은 지금까지 우리 몸을 망치는 '나쁜' 스트레스 호르몬으로 알려져 있었다. 이 호르몬들이 분비되면 심장박동이 빨라지고 동공은 커진다. 심장에서 뿜어대는 혈액이 근육으로 몰리면서 힘을 쓸 준비를 한다. 그리고 말초 혈관들은 수축이 되면서 근육이 강력한 힘을 낼 수 있도록 준비를 도와준다.

바로 여기서 오해가 생긴다. 이처럼 극한 상황에서 얼룩말을 보호하기 위해서는 이 호르몬들이 반드시 필요하다. 사자와 싸우든 도망가든 강력한 근육의 힘이 필요하기 때문이다. 위기 상황에서 자신을 보호하기 위해 분비되는 호르몬이므로, '나쁜 호르몬'이라고 단정 지을 수 없다. 오히려 얼룩말을 보호하기 위한 '고마운 호르몬'이다. 그런데 왜 사람들은 여전히 이들을 나쁜 호르몬이라고 말할까?

고마운 호르몬과 나쁜 호르몬의 공조

얼룩말이 사자와 싸우면 결국은 사자에게 목숨을 잃게 된다. 그러면 모든 상황은 끝이다. 반대로 잘 도망쳐서 사자를 따돌리면 다시 평화를 찾을 수 있다. 이 상황을 호르몬의 측면에서 생각해보자.

싸우든지 도망가든지 간에 강력한 근육의 힘을 썼다. 그러면서 분비된 호르몬들은 이미 다 소모가 되었다. 결국 상황이 종료되면 분비되었던 '코르티솔'과 '에피네프린'은 다 소모되고 몸은 정상화된다. 더이상 이러한 호르몬들의 영향을 받지 않으므로, 호르몬에 의한 부작용도 없다.

그런데 문제는 바로 '사람'에게 있다. 얼룩말과 마찬가지로 사람도 스트레스 상황에 맞닥뜨리면 '코르티솔'과 '에피네프린'이 분비된다. 역시 심장박동이 빨라지고, 동공이 확장되며, 땀이 난다. 말초혈관들이 수축되면서 근육으로 혈액이 몰린다. 그런데 여기서부터 얼룩말과 차이가 생긴다. 물리적, 육체적 위협이 가해지는 상황이라면 예외겠지만 대부분의 현대인들이 겪는 스트레스 상황은 싸우거나 도망치는 등의 반응으로 해결할 수 있는 문제가 아니다. 화가 난다고 아무에게나 주먹을 날릴 수 없고, 문제가 닥칠 때마다 도망칠 수도 없다. 문제 상황을 해결하지 못하니 이 호르몬들은 소모되지 않고, 우리 몸은 그 영향을 지속적으로 받아야 한다.

그렇게 되면 혈압이 올라가고 혈관이 손상을 받으면서 몸에 여러 가지 나쁜 영향을 주게 된다. 사람들은 동물과 다르게 투쟁이나 도피로 문제 해결을 할 수 없기 때문에 이 호르몬들은 '고마운 호르몬'이 아니라 '나쁜 호르몬'이 된다. 과거 학자들이 스트레스 호르몬을 나쁜 호르몬으로 규정한 것은 바로 이런 이유들 때문이다.

그러나 시간이 흐르면서 사람과 동물은 어려운 상황에 처했을 때, 서로 다른 방식으로 적응한다는 것을 알게 되었다. 사람과 동물은 크게 두 가지 면에서 차이를 보인다. 첫째, 얼룩말이 경험하는 극심한 스트레스 상황, 즉 생사를 결정짓는 상황이 사람에게는 자주 일어나지 않는다는 점이다. 둘째, 사람은 동물과는 다르게 생각할 수 있는 능력을 갖고 있다는 점이다.

얼룩말이 사자를 만나는 것과 같은 극한 상황을 사람에게 비유한다면 어떤 상황일까? 아마 칼을 든 강도를 만나는 일이나 전쟁터에서 목숨을 걸고 싸우는 일 정도일 것이다. 이는 결코 흔한 상황이 아니다. 우리가 일상에서 받는 스트레스 상황과 연결하는 것은 무리가 있으며, 사람들이 느끼는 스트레스 상황과도 거리가 멀다.

반면 사람들이 느끼는 스트레스 상황은 따로 있다. 만날 때마다 언제 결혼할 건지 물어보는 부모님 때문에 스트레스를 받는다. 아침부터 굳은 표정으로 잔소리를 해대는 상사 때문에 괴롭다. 시간은 촉박한데 마감해야 할 일은 산더미처럼 쌓여 있어서 버겁다. 맡은 일에 대한 책임이 너무 큰 데다, 잘해내야 한다는 생각 때문에 부담스럽다. 하루 종일 직장에서 일하고 집에 들어와 집안일과 육아를 해야 하는 상황이 힘들다.

우리를 괴롭히는 상황은 너무나도 많다. 그러나 이러한 상황이 목숨 걸고 싸우거나, 생명의 위협을 느껴 도망칠 상황은 아니라는 것이다. 얼룩말이 처한 극한 상황과 우리가 처한 상황이 다르듯 스트레스 반응도 달라지고, 분비되는 호르몬도 달라진다. 인간의 경우 스트레스를 받으면 몸에 좋은 영향을 주고 우리의 감정을 바꾸어주는 좋은 호르몬도 함께 나온다. 이와 관련해서는 뒤에서 더 자세히 언급할 것이다.

결정적으로 사람은 생각할 수 있는 동물이기에 어려운 상황에서도 다른 동물들과 다르게 반응할 수 있다. 사람이 갖고 있는 생각 습관은 생각에만 머물지 않고 우리의 삶을 바꾸는 데 큰 영향을 미친다. 즉 낙관적 생각 습관을 갖고 있는 경우에는 같은 스트레스 상황에서도 훨씬 쉽게 적응할 수 있다. 생각 습관에 따라서 스트레스에 대한 적응과 반응도 달라진다. 결국 생각 습관의 차이가 반응의 차이를 만들고, 그 상황에서 분비되는 호르몬에도 차이를 만들어준다. 나아가 건강에서도 차이가 생기고, 삶도 달라진다.

알아두면 쓸 데 있는 호르몬의 신비한 작용

나는 TV 코미디 프로를 즐겨본다. 특히 일요일 밤에 하는 〈개그콘서트〉를 좋아한다. 가끔은 혼자서 코미디를 보며 웃고 있으면 어느새 아내의 핀잔 섞인 잔소리가 들려온다.

"유치한 코미디가 뭐가 좋다고, 그렇게 열심히 보고 그래요?"

그래도 나는 코미디 프로가 재미있을 뿐 아니라 맘껏 웃을 수 있어 무척 좋다. 그렇게 웃고 있는 순간에는 모든 걱정을 잊기 때문이다. 물론 잠시 동안이긴 하지만 그래도 좋다. 코미디 프로를 보며 즐거워하는 그 순간들을 왜 좋아하는지에 대한 생물학적 이유도 정확히 알고 있다. 그 이유는 내가 웃고 있는 순간에 '엔도르핀'endorphin이라는 뇌 호르몬이 분비되기 때문이다.

월요일이면 우리가 회사에 가기 싫은 이유

직장에 다니는 사람들이 공통으로 앓고 있는 병이 있다. 바로 '월요병'이다. 물론 의학적 질병은 아니지만 상당수의 사람들이 심리적 압박에 시달리고 있다. 월요일 아침만 되면 몸과 마음이 처지고 힘들며, 더 심각한 경우에는 회사에 나가는 것 자체가 싫어지는 경우도 있다. 이와 관련해 몇 년 전부터는 '회사우울증'이라는 말이 생기기 시작했다.

실제로 많은 직장인들이 '회사우울증'으로 힘들어한다. 수년 전 어느 기업에 강의하러 갔을 때 그 기업의 자체적인 통계치를 보았더니, 스스로 '회사우울증'이라고 생각하는 직원이 70퍼센트가 넘었다. 심각하게 느껴질 만큼 높은 수치다.

'회사우울증'은 심각한 병이라고 볼 수는 없다. 스트레스가 많은 직장인들에게 나타나는 심리적 현상에 붙여진 이름일 뿐 질병은 아니다. 우울증은 질병이고 전문적인 치료를 요하는 반면, 회사우울증은 질병이 아니며 심리 현상의 하나라는 점에서 구분된다. 물론 회사우울증이 실제 우울증으로 발전될 수도 있으나 그 자체로는 정확한 의학적 질병은 아니다.

회사우울증의 경우, 평소에는 우울하지 않다가 회사에 가려고만 하면 우울해진다. 특히 회사우울증의 가장 큰 특징은 시간과 요일에 따라서 증상이 매우 달라진다는 점이다. 가장 증세가 심해질 때가 월요일 아침이다. 그리고 금요일 저녁 시간이 되면 증상이 매우 호전된다. 토요일 아침이 되면 거의 완치되다가 일요일 저녁부터 조금씩 전구증상이 나타난다. 참으로 신기한 증상이다.

반면 의학에서 질병으로 일컫는 '우울증'은 이와 다르다. 우울증의 경우 수면장애, 무기력, 의욕저하 등 일상생활이 어려울 정도의 증상들을 보인다. 또 단기적인 우울감에 빠지는 것이 아니라, 우울감이 장기간 지속되며 심각한 경우에는 생명을 포기하는 지경에 이르기도 한다.

사실 회사우울증이라고 말하는 사람들 중에 이렇게 심한 증상을 보이는 경우는 많지 않다. 단지 회사에 나가는 것 자체가 스트레스로 작용해서 일시적인 우울감이 생겨나는 정도이기 때문이다. 그러나 그 우울감이 점점 심해져서 직장생활이 어려울 정도가 된다면, 단순한 회사우울증이 아닌 의학적 우울증으로 취급되어야 한다.

나도 오랫동안 회사우울증에 시달렸다. 일요일 밤이 되면 괜스레 마음이 울적해지고 월요일이 오는 게 싫었다. 그럴 때마다 TV를 틀었고, 〈개그콘서트〉가 우울한 마음을 달래주었다. 피곤하고 우울한 현실을 잠시나마 잊고 한바탕 웃다 보니, 뇌에서 엔도르핀이 나왔기 때문이었다. 물론 〈개그콘서트〉의 엔딩뮤직이 나오는 순간 다시 우울해졌지만 말이다.

행복 호르몬 4종 – 엔도르핀, 세로토닌, 도파민, 옥시토신

아무튼 우리의 뇌는 호르몬의 지배를 받고 또 호르몬에 따라서 감정도 달라진다. '엔도르핀'은 우리를 행복하게 해주는 대표적인 호르몬일 뿐만 아니라 면역력과도 관련이 많다. 실제로 엔도르핀은 우리 몸의 면역력을 높인다. 이에 따라 웃음 치료의 효과가 과학적으로 증면되면서 암 치료에도 웃음 치료를 도입하고 있을 정도다.

그런데 엔도르핀만큼이나 유명한 '행복 호르몬'이 몇 가지 더 있다. 그중 대표적인 것이 '세로토닌'serotonin이다. 엔도르핀과 세로토닌 모두 행복 호르몬이라고 불리는데, 조금 다른 종류의 행복을 느끼게 해준다. 엔도르핀이 재미와 즐거움을 느끼도록 해주는 호르몬인 반면 세로토닌은 우리 마음이 '평화로움을 느끼도록' 해주는 호르몬이다. '즐거움'도 '평안한 마음'도 모두 우리를 행복하게 만들어주는 감정임에 틀림없다.

실제로 정신과에서 우울증 환자들에게 처방하는 약 중에는 세로토닌의 기능을 더 활성화시키는 약이 있다. 즉 세로토닌이 약해지면 우울해지기 쉽다는 이야기다. 그래서 세로토닌이 많이 분비되는 사람은 우울감이 훨씬 적다. 세로토닌은 체내에서 '멜라토닌'melatonin으로 변환되는데, 멜라토닌은 우리가 숙면을 취할 수 있도록 도와준다. 평안한 마음과 감정은 결국 숙면과 연결된다는 이야기다.

행복 호르몬에는 엔도르핀과 세로토닌 외에도 두 가지 호르몬이 더 있다. 그중 하나는 '도파민'dopamine인데, 앞서 말한 '즐거움'과 '평안함'과는 또 다른 행복감을 주는 호르몬이다. 도파민은 우리가 열심히 일하고 나서 스스로 뿌듯한 마음이 들 때 느껴지는 '만족감'과 관련된 호르몬이다.

도파민은 우리가 어딘가 몰입하도록 도와주는 호르몬이기도 하다. 즉 도파민이 많이 분비되는 사람들은 대체로 부지런하며 새로운 도전을 좋아한다. 일도 더 열심히 하고 의욕적이다. 도파민이 많이 분비되는 사람들은 성취감도 더 많이 느끼는데, 이러한 감정은 인간이 살아가면서 느끼는 또 다른 종류의 행복이다.

도파민이 긍정적 기능만 하는 건 아니다. 부정적 측면도 있다. 도파민은 쾌락 중추와 관련이 있어서 여러 가지 중독을 일으키는 데 관여한다. 담배, 술, 게임 중독이 생기는 이유도 도파민과 관련이 있다. 어떻게 보면 도파민은, 우리가 의욕을 불태우고 몰입하도록 해주는 좋은 호르몬인 동시에 몰입이 지나쳐 중독에 빠지게 만드는 나쁜 호르몬이기도 하다. 도파민이 하는 일처럼 어찌 보면 '몰입'과 '중독'은 종이 한 장 차이인지도 모른다.

이제 큰 행복감을 주는 네 가지 호르몬 중 마지막 호르몬을 살펴보자. 이 호르몬은 사람 사이의 '친밀감'을 느끼게 해주는 것으로 '신뢰감'하고도 관련이 많다. 우리는 살아가면서 가까운 이들과 함께할 때 서로 믿고 의지하며 행복함을 느끼는데, 이런 감정을 불러일으키는 호르몬이 바로 '옥시토신'oxytocin이다. 옥시토신이야말로 사람들에게 꼭 필요한, 매우 중요한 호르몬이다.

원래 옥시토신의 가장 중요한 역할은 출산할 때 자궁을 수축시켜 주어 출산이 잘 이루어지도록 돕는 것이다. 그리고 옥시토신이 듬뿍 분출된 상태의 산모는 아기에게 강한 친밀감과 유대감을 느끼면서 모성애가 생긴다. 엄마가 아기를 안아주고 쓰다듬을 때 엄마와 아기 모두에게서 옥시토신이 분비된다.

가만히 눈을 감고 생각해보자. 어릴 적 엄마의 포근한 품에 안겨서 느꼈던 감정을. 혹은 사랑하는 사람과 따뜻한 포옹을 하면서 느꼈던 행복감을. 이러한 감정들은 절대 포기하거나 양보할 수 없는 아주 소중한 감정이다.

지금까지 행복을 느끼게 해주는 네 가지 호르몬을 살펴봤는데, 간단하게 정리하면 다음과 같다.

- 엔도르핀 : 즐거움, 재미
- 세로토닌 : 평화로움, 평안함
- 도파민 : 만족감, 성취감
- 옥시토신 : 친밀감, 신뢰감

여기서는 네 가지 호르몬이 주는 감정을 단순하게 구분해 살펴봤지만, 사실 우리 뇌에서 일어나는 호르몬의 작용은 훨씬 더 복잡하다. 각각의 호르몬들이 서로 영향을 주기도 하고 서로 억제하기도 하며, 여러 가지 호르몬이 동시에 분비되기도 한다. 이런 이유 때문에 우리의 감정이 한마디로 표현하거나 정리하기 어렵고 복잡한 것이다.

억지웃음도 행복을 가져다줄까

그렇다면 이러한 호르몬들이 우리를 행복하게 해줄 수 있도록 충분한 양이 분비되게 하려면 어떻게 하는 것이 좋을까?

엔도르핀은 웃을 때 많이 나온다. 즉 자주 웃어야 행복해진다는 말이다. 그런데 이런 말을 들으면 사람들이 늘 입버릇처럼 던지는 말이 있다.

"웃을 일이 있어야 웃지…"

맞는 말이다. 재미있는 일이 있어야 웃지 억지로 웃을 수는 없는 노릇이다. 나를 압박하고 긴장시키는 스트레스만 있다면 어떻게 웃음이 나오겠는가. 그런데 정말 신기한 것은 억지로 웃어도 엔도르핀이 나온다는 사실이다. "웃으면 복이 온다."라는 말이 괜한 말이 아니다. 웃음을 연구하는 학자들은 실제로 즐거워서 저절로 웃는 게 아니라 억지로 웃을 때에도 엔도르핀이 나온다는 것을 발견했다.

이런 말을 하면 혹자는 "억지로 웃는 웃음이 어떻게 효과가 있느냐?"라고 반문한다. 일례로 서비스업에 종사하는 이들이 강요된 친절과 웃음으로 인해 정신적으로 힘들어하고 있으며, 일명 '스마일 증후군'까지 생겨난 것만 봐도 억지웃음의 긍정적 효과를 썩 납득할 수 없기 때문이다. 그렇다면 스마일 증후군에 시달리게 만드는 웃음과 엔도르핀이 나오는 웃음에는 어떤 차이가 있는 것일까?

강요나 의무감 때문에 자기감정과 무관하게 억지로 웃는 것과, 감정을 긍정적으로 전환하기 위해 스스로 웃으려 노력하는 것에는 차이가 있다. 실제로 웃을 상황이 아니더라도 웃는 것이 자신의 몸과 마음의 건강에 도움이 된다는 인식을 하면, 억지웃음이라 해도 분명 도움이 된다. 그러나 '스마일 증후군'을 앓는 이들의 경우에는 자신의 인식이나 마음의 결정과는 무관하게 억지로 웃어야 하기에 힘든 것이다. 즉 스스로 더 즐거워지려고 웃는 웃음이냐 타인에 의해 강요된 웃음이냐의 차이다. 이처럼 웃음 치료의 효과가 입증된 후, 실제 환자 치료에 적용하고 있다. 웃음으로 인해 생성되는 엔도르핀은 우리를 즐겁게 만들어주면서 동시에 면역력도 증가시키기 때문에 심신의 건강에 모두 도움이 된다.

평안함을 주는 세로토닌은 언제 분비될까? 실제 세로토닌을 분비시키는 환경은 크게 두 가지다. 하나는 걷는 운동이고, 다른 하나는 햇빛이다. 햇빛을 보면서 산책하는 것은 세로토닌 분비에 아주 좋다. 햇살이 화사하게 빛나는 화창한 날에는 실내에 있지 말고 밖으로 나가 나무나 숲이 있는 자연을 만끽하면서 걸어보자. 특히 세로토닌 분비에는 뛰는 것보다 걷는 것이 좋다.

도파민을 연구하는 학자들은 언제 도파민이 많이 분비되는지와 관련한 여러 가지 실험을 통해 몇 가지 결론을 내렸다. 먼저 도파민은 '새로운 것을 만날 때' 분비된다. 즉 새로운 것에 대한 호기심을 느끼면서 도파민이 분비되고, 그 결과 도전하려는 의욕이 생긴다는 것이다. 도파민은 우리를 부지런하게 만들고 도전하고픈 의욕을 불러일으켜서 만족감과 성취감을 느끼게 해준다.

도파민을 연구하는 학자들 사이에서는 도파민과 관련된 재미있는 일화가 전해온다. 그 이야기의 주인공은 1930년대 미국의 대통령 캘빈 쿨리지Calvin Coolidge다. 쿨리지 대통령은 어느 날 미국 양계장에 시찰을 나갔는데, 당시 영부인도 함께 따라 나섰다. 대통령이 브리핑을 받고 있을 때 영부인은 먼저 양계장을 둘러보았다. 수탉 한 마리가 암탉과 교미하는 것을 보았으나 영부인은 못 본 채 지나쳤다. 다른 양계장을 둘러보고 다시 그 앞을 지나는데, 또 그 수탉이 암탉과 교미를 하고 있고 있는 게 아닌가. 그 모습을 본 영부인은 관리자에게 질문을 던졌다.

"저 수탉은 하루에 몇 번이나 교미를 합니까?"

그러자 관리자가 대답했다.

"저 수탉은 조금 특이해서 하루에도 열 번 이상 교미를 합니다."

이 대답을 들은 영부인은 약간 미간을 찌푸리면서 이렇게 말했다.

"잠시 후에 대통령께서 오시면 그 이야기를 꼭 좀 전해주세요."

브리핑이 끝나고 쿨리지 대통령은 양계장을 둘러보기 시작했다. 그때도 역시 그 수탉은 교미를 하고 있었다. 옆에 있던 관리자가 영부인이 요구한 대로 이야기를 했다.

대통령은 심각한 표정을 지으며 질문했다.

"그렇다면 저 수탉은 교미할 때마다 한 암탉하고만 하나요?"

그러자 관리자가 대답했다.

"아닙니다. 교미할 때마다 암탉이 바뀝니다."

대통령은 씩 웃으면서 말했다.

"이 이야기를 영부인에게 꼭 좀 전해주세요."

실화인지 여부는 확실하지 않지만, 도파민을 연구하는 학자들 사이에서는 우스갯말로 종종 회자되는 이야기다. 이 이야기가 비유한 것처럼 도파민은 새로운 것에 대한 호기심과 도전을 불러일으키는 호르몬이면서 우리가 지치지 않도록 에너지를 만들어주는 호르몬이기도 하다(물론 그 수탉과 같은 일을 저질러서는 안 된다).

마지막으로 옥시토신에 대해서 알아보자. 옥시토신은 우리의 행동에 따라서 분비가 달라진다. 앞에서도 설명했지만, 엄마가 아기를 안아주고 쓰다듬을 때 아기와 엄마에게서는 옥시토신이 분비된다. 그리고 옥시토신은 둘의 애착관계를 형성하고, 서로 신뢰가 싹트게 만든다. 옥시토신의 분비는 가까운 가족이나 사랑하는 사람과 함께 있을 때 크게 증가된다. 이러한 현상은 사람과 동물 사이에서도 일어난다.

일본의 연구진은 개와 주인과의 관계에서 옥시토신 분비를 살펴보았다. 주인이 반려견과 100초 이상 눈을 맞추었을 때 사람의 몸에서 옥시토신이 평소보다 4배 증가했다. 또 반려견의 옥시토신도 40퍼센트나 증가했다. 단 100초 만에 옥시토신을 4배나 증가시킬 수 있다니 참으로 놀라운 일이다. 이처럼 사랑하는 사람 또는 반려견과의 관계에서 아주 쉽게 옥시토신이 분비되고, 그 결과 서로 신뢰와 배려의 관계로 발전한다는 걸 알 수 있다.

일부 학자들은 옥시토신을 '미래 사회에서 가장 주목받을 호르몬'이라고 말하기도 한다. 실제 미국에서는 코에 뿌리는 옥시토신 스프레이를 판매하고 있다. 이름은 '쑥스러움 방지제'다. 사회성이 떨어지는 사람이나 연애를 못하는 사람이 '쑥스러움 방지제' 스프레이를 사용하면 다른 사람들과 더 쉽게 좋은 관계를 맺을 수 있다고 한다.

옥시토신은 친밀감과 신뢰감을 높여주는 역할 이외에 다른 사람들을 도와주고 봉사하게 만들어주는 호르몬이기도 하다. 그래서 '배려 호르몬'이라고 불리기도 한다. 세로토닌을 '개인적인 행복'과 관련된 호르몬이라고 한다면, 옥시토신은 '함께 누리는 행복'을 주는 호르몬이다. 그뿐만 아니라 옥시토신은 신체에도 좋은 영향을 미친다. 혈압과 맥박수를 조절해주면서 긴장 상태에서도 혈관 수축을 막아주는 역할을 한다.

그렇지만 옥시토신이 만병통치 호르몬은 아니다. 최근에는 옥시토신의 나쁜 영향에 대해서도 연구가 진행 중이다. 옥시토신은 신뢰를 형성하고 친밀감을 높여주지만, 그런 감정적 유대가 형성된 집단이 아닌 외부 집단에 대해서는 반대로 작용할 수 있다고 한다. 내부 집단의 사람들끼리 너무 강한 유대감이 형성돼 그것이 폐쇄적이고 배

타적인 태도로 작용하는 것이다.

이처럼 모든 호르몬들은 각각의 역할이 있고 좋은 영향과 나쁜 영향을 동시에 미친다. 호르몬이 미치는 영향에 따라 우리의 감정도 달라지기 때문에, 무엇보다 적당량이 분비될 수 있도록 하는 것이 중요하다.

행복해지는 생활 습관은 분명 따로 있다

어느 휴일 아침에 눈을 뜨니 창을 통해서 밝은 햇살이 가득 들어온다. 햇살에 눈이 부시고, 따뜻한 기운이 온몸을 감싼다. 나는 기분 좋게 두 팔을 힘껏 올려서 기지개를 켠다. 내 몸의 모든 근육들이 편안하게 이완되면서 시원한 느낌이 든다. 이제 자리에서 일어난다. 가볍게 아침을 먹은 뒤 가족들과 함께 가까운 공원으로 향한다. 공원에 들어서니 푸르른 나뭇잎들이 울창한 자태를 뽐낸다. 따뜻한 햇살이 온몸을 감싼다. 붉은색, 노란색, 보라색 형형색색의 꽃들이 군데군데 피어 있다. 시원한 산들바람이 얼굴에 와 닿는다.

우리는 함께 공원을 걷는다. 서로 손을 잡는다. 손으로 전해지는 서로의 따뜻한 체온을 느끼면서 천천히 걷는다. 평화롭게 산책하며 이야기를 나눈다. 아들은 재미있는 학교 친구의 이야기를 시작한다. 또 최근에 유행하는 유머를 알려준다. 우리 가족들은 그 이야기를 들으면서 깔깔대고 웃는다. 막내는 요즘 배우기 시작한 기타 연주에 대해 말한다. 어렵지만 꼭 잘해내고 싶다고 다짐하는 아이의 모습을 보면서 대견한 마음이 든다. 그리고 열심히 하면 분명히 훌륭한 기타 연주를 할 수 있을 거라는 응원의 말을 해준다.

앞의 글을 읽으면서 어떤 감정이 들었는가? 만일 당신이 글을 읽으면서 상상의 나래를 펴고, 그 안에 흠뻑 몰입했다면 당신은 지금 행복감을 느끼고 있을 가능성이 매우 높다. 만일 그런 좋은 감정이 들지 않는다면 이야기 속의 등장인물이 자신이라고 상상하면서 차분하게 다시 한 번 읽어주기를 바란다.

앞의 글에는 행복 호르몬들이 분비될 수 있는 상황이 모두 다 포함되어 있다. 좀 더 구체적으로 살펴보기 위해 다시 정리해보자.

- 엔도르핀 : 즐거움, 재미 → 웃기
- 세로토닌 : 평화로움, 평안함 → 햇빛 보면서 산책하기
- 도파민 : 만족감, 성취감 → 새로운 것에 도전하기
- 옥시토신 : 친밀감, 신뢰감 → 스킨십, 사랑하는 사람과 대화하기

만일 당신이 행복한 기분을 느끼고 싶다면, 더 정확하게는 행복 호르몬이 분출되길 원한다면 앞서 언급한 행동을 실천하면 된다. 일단 웃자. 가족, 친구 또는 친한 사람을 만나자. 햇빛을 보면서 산책하자. 햇빛이 없다면 그냥 걷는 것도 좋다. 그리고 새로운 책을 읽거나 영화

를 보거나 강의를 들으면서 뇌의 호르몬을 바꿔보자.

물론 말은 간단하지만, 실제로 이런 행위를 실천하면서 행복을 느끼는 것이 그리 쉬운 일은 아니다. 일단 이러한 것들을 실천할 시간이 없다. 아니 마음의 여유가 없다는 것이 더 정확한 표현일 것이다. 늘 걱정하고 긴장하고 짜증나는 삶 속에서 한가하게 행복감을 찾기 위한 노력을 한다니 왠지 귀찮다. 이처럼 더 행복해지는 방법을 알면서도 이를 실천하지 않거나 더 행복해지지 못하는 사람들이 있는 것은 왜일까?

사람마다 삶의 척도가 다르고, 스트레스 상황에 대한 반응이 다르기 때문이다. 그러면 같은 상황도 다르게 느끼고, 다르게 반응하는 이유가 무엇인지 하나씩 살펴보도록 하자.

스트레스 요인도 가지각색, 반응도 천차만별

나는 토요일을 포함해서 1주일에 3일은 진료를 하고 나머지 3일은 전국을 다니며 다양한 단체와 기업에서 강의를 한다. 그 과정에서 여러 가지 스트레스에 시달리는 사람들을 많이 만나는데, 강의 중에 가끔 이런 질문을 던진다.

"스트레스 상황이 나를 힘들게 할 때 스트레스를 푸는 자신만의 방법이 있으신가요?"

가장 먼저 나오는 대답은 역시 술과 담배다. 하지만 꽤 다양한 대답들이 나온다. '이렇게 제각각 다른 방법으로 스트레스를 풀고 있구나!' 하는 생각이 들 정도다.

"술을 먹으면 스트레스가 풀리는 것 같아요."

"역시 스트레스 쌓일 때는 담배 한대 펴야죠. 뿜어내는 연기를 보면 속이 후련해져요."

"저는 일단 잠을 자요. 푹 자고 나면 기분이 좀 나아지거든요."

"저는 커피요. 아침엔 블랙커피를 한 잔 마셔야 머리가 맑아지는 기분이에요."

"노래방에 가서 실컷 노래를 부릅니다. 소리를 지르면서 노래를 부르면 훨씬 나아지거든요."

"저는 운동을 해요. 일단 헬스클럽에서 땀을 쭉 흘리고 나면 한결 개운해집니다."

"맛있는 걸 먹는 게 최고죠. 매운 음식도 좋고요. 저는 먹는 걸로 스트레스를 풀어요."

"친구들을 만나서 수다를 떨어요. 막 쏟아내고 나면 기분이 저절로 좋아지거든요."

"저는 좋아하는 게임을 합니다. 그 순간에는 모든 것을 다 잊죠."

모두 일리가 있는 해결책들이다. 사람들의 성격과 취향이 각기 다르듯, 괴로운 감정을 잊고 행복한 감정을 찾는 방법들도 다양하다. 이 방법들 중에는 정말 효과적인 방법도 있고, 반대로 오히려 해가 되는 방법도 있다. 실제 어떤 방법이 스트레스를 푸는 데 더 효과적인지 아닌지에 대한 자세한 설명은 제3장에서 다룰 것이다. 여기서는 일단 사람마다 이렇게 반응이 다른 이유가 무엇인지를 알아보자.

스트레스 상황에서도 좋은 호르몬이 분비되는 이유

앞에서 잠깐 해봤던 황당한 상상을 기억하는가? 우리가 다 같이 얼룩말이 되었던 상상 말이다. 얼룩말은 생사의 갈림길에서 엄청난 스트레스를 받으면서 투쟁반응과 도피반응이라는 두 가지 스트레스 반응을 보였다. 이때 투쟁 또는 도피반응에 잘 적응할 수 있도록 돕는 코르티솔과 에피네프린이라는 호르몬이 분비됐다.

그러나 사람이 생사의 갈림길이라는 위협에 처하는 일은 드물기에 이러한 호르몬이 나와도 별다른 도움이 되지 않고, 결국 인체에 해로운 영향을 주게 된다. 모든 호르몬은 좋은 영향과 나쁜 영향을 모두 가지고 있고 그 기능도 단순하지 않다. 하지만 이해를 쉽게 하기 위해 지금까지 살펴본 호르몬들을 단순하게 정리하면 다음과 같다.

- 우리를 긴장시키면서 건강에 나쁘게 작용하는 호르몬 : 코르티솔, 에피네프린
- 우리에게 행복감을 주면서 건강에 좋게 작용하는 호르몬 : 엔도르핀, 세로토닌, 도파민, 옥시토신

앞서 설명했듯이 사람은 동물과 다르기 때문에 동물에게서 나타나는 스트레스 호르몬의 반응이 사람에게서는 다르게 나타날 수 있다. 사람은 스트레스 상황에 놓일 때 동물(얼룩말)처럼 투쟁반응이나

도피반응 두 가지만 나타나는 것이 아니다. 그 이유는 사람이 느끼는 스트레스 상황에서는 나쁜 호르몬만 나오는 것이 아니기 때문이다. 흔히 말하는 좋은 호르몬도 일부 함께 분비된다. 주로 도파민과 옥시토신이다. 이 두 가지 호르몬은 분명 스트레스 상황과는 관련 없는 좋은 상황에서만 분비되는 호르몬인 줄 알았는데 그렇지 않았다.

뇌 과학자들의 연구에 의하면 사람은 스트레스를 받는 상황에서 코르티솔과 에피네프린이 분비되고, 그와 함께 도파민과 옥시토신도 분비된다. 이를 통해 나쁜 호르몬의 작용을 좋은 호르몬으로 전환시킬 수 있다는 사실을 발견했다. 더불어 스트레스가 자신에게 그렇게 나쁘지 않다는 사실을 인지하는 것만으로도 좋은 호르몬이 분비된다는 더 놀라운 사실도 함께 발견했다.

이러한 사실을 증명하기 위해 로체스터대학의 제러미 제이미슨 Jeremy Jamieson 박사는 아주 재미있는 실험을 고안해냈다. 먼저 실험 대상자들이 아주 심한 스트레스 상황을 겪도록 했다.

예를 들면 마치 면접을 보듯 여러 전문가들 앞에 혼자 서서 이야기를 하는 것이다. 그들은 앉아 있고 실험자는 서서 자신의 장점과 단점을 설명한다. 거기엔 실험자를 강하게 비추는 조명과 카메라도 있다. 그 자체만으로도 긴장되고 스트레스 받는 일이다. 설상가상 전문가들의 태도가 아주 나쁘다. 그들은 매우 냉소적으로 반응하면서 말을 듣는 둥 마는 둥 한다. 또는 가끔 아주 공격적으로 질문하는가 하면, 무시하는 듯한 발언도 서슴지 않는다. 그뿐만이 아니다. 그들은 계산하기 복잡한 산수 문제를 주면서 암산을 하게 만들었다. 빨리 대답을 못하면 소리를 지르면서 빨리 하라고 압박했다.

물론 여기에 면접관으로 동원된 전문가들은 실험을 위해서 미리 준비된 연기자들이었고, 실험 대상자들은 그 사실을 모른 채 실험에 응했다. 면접관들은 실험 대상자들을 모두 긴장된 스트레스 상황에 빠지게 만들었다. 그리고 실험 전후로 혈압과 말초혈관의 저항도, 심장 박동수 등을 측정했다. 스트레스 상황에서 이들에게 어떤 변화가 나타나는지를 살펴본 것이다.

그런데 이 실험을 하기 전에 미리 취한 조치가 있었다. 일부 실험 대상자들은 미리 교육을 받았다. 교육의 내용은 스트레스가 몸에 꼭 나쁘지만은 않다는 사실을 알려주는 것이었다. 사람이 긴장할 때 심장박동이 빨라지는 것은 우리를 더 집중시켜주는 좋은 점도 있다고 설명했다. 그러한 변화들이 우리의 건강에 나쁘게만 작용하는 것이 아니라 오히려 우리가 적응을 더 잘하도록 만들어주는 효과가 있다는 설명도 덧붙이며 안심시켰다. 실제 근거가 되는 연구 자료들도 보여주었다. 그 교육을 받은 사람들은 긴장되는 스트레스 상황이 꼭 나쁘지만은 않다는 것을 인지한 후에 실험에 응했다.

실험결과는 참으로 놀라웠다. 미리 그러한 교육을 받지 않은 사람들의 경우 심장박동이 빨라지면서 말초혈관의 수축이 일어났고, 혈압이 상승했다. 그 실험에서 가해진 압박이 심장과 혈관 건강에 안 좋은 영향을 미치고 있었다. 반면 미리 교육을 받은 사람들에게서는 다른 반응이 나타났다. 심장 박동수는 올라갔지만, 말초혈관의 수축은 거의 없었고 혈압도 올라가지 않았다. 그 실험에서 가해진 압박이 심장과 혈관 건강에 악영향을 미치지 않았던 것이다.

이러한 차이를 연구자들은 호르몬으로 설명한다. 즉 미리 교육받은 사람들에게서는 코르티솔과 에피네프린만 분비된 것이 아니었다. 혈관을 이완시켜주는 옥시토신도 함께 분비되었다. 이처럼 사람의 인식에 따라서 같은 스트레스 상황이라 할지라도 호르몬의 분비가 달라지고, 결국 건강에 미치는 영향도 달라진다.

사람은 생각하는 동물이기에 인지와 학습을 통해서 지식과 지혜를 쌓는다. 그리고 이성적인 사고 능력을 갖고 있다. 이를 일컬어 '호모 사피엔스'라 한다. 이런 이유로 스트레스 상황에서 나타나는 반응이 동물과 다르다. 앞에서 소개한 실험결과에서 보았듯이 인간의 '인지와 학습'은 스트레스 상황에서 분비되는 호르몬조차 바꾸어놓는다. 그래서 인간이 갖는 스트레스반응이 따로 존재한다.

물론 인간에게서도 '투쟁반응'과 '도피반응'이 나타난다. 그러다 더 심해지면 투쟁도 도피도 못하는 상태가 된다. 이는 아주 나쁜 반응 상태인데 바로 '좌절반응'defeat response이다. 반대로 인간만이 갖는 스트레스반응 중에는 좋은 반응들이 있다. '도전반응'challenge response, '친교반응'befriend response, '배려반응'tend response이다. 이들은 우리의 삶을 더 건강하고 행복하게 만들어주는 반응들이다. 이제 이 반응들에 대해 하나씩 살펴보자.

스트레스에 대한 반응들

- 나쁜 반응 : 투쟁반응, 도피반응, 좌절반응
- 좋은 반응 : 도전반응, 친교반응, 배려반응

암벽 등반을 하며 희열을 느끼는 사람들의 뇌 구조

인간만이 갖는 특별함 중 하나가 도전 정신인데, 이는 동물과 구분되는 점이기도 하다. 동물은 본능적으로 안락하고 편한 것을 찾는다. 물론 인간에게도 그런 본능이 있긴 하지만, 또 거기에 반하는 다른 무언가를 갖고 있다. 희한하게도 인간은 힘든 상황에서 오히려 '기쁨'을 느낀다. 가장 대표적인 것이 '운동'이다.

운동은 분명 힘든 것인데, 많은 사람들이 운동을 한다. 대부분의 사람들이 건강을 위해 운동을 하지만, 때론 그 이상의 힘겨움을 감수하는 이들이 있다. 그 안에는 '도전의식'이 자리한다. 처음에는 건강을 위해서 억지로 시작한 운동이 나중에는 '도전의 대상'이 되기도 하며 그 과정에서 기쁨과 성취감을 느낀다. 운동으로 '건강'과 '행복감' 둘 다를 얻은 셈이다. 동물에게서는 발견할 수 없는 인간만이 보이는 '도전반응'이다.

얼마 전 고등학교 동창회에 참석했는데, 중년 아저씨들이 가득한 동창 모임에서는 아니나 다를까 건강에 대한 이야기가 주를 이뤘다. 건강관리를 위해서 운동을 한다는 친구들 중에는 마라톤을 완주한 이들이 몇 명 있었는데, 알고 보니 그 친구들끼리 수년 전부터 달리기 훈련을 시작했다고 한다. 그들은 고된 훈련 끝에 드디어 42.195킬로미터를 완주하는 기쁨을 누렸단다. 장거리 마라톤은 중년의 나이에 무모한 도전일 수 있다. 그러나 무모함과 힘겨움을 넘어서는 도전의 기쁨과 보람, 자기만족이 그들을 행복하게 했음이 분명했다.

사실 나라면 엄두도 못 낼 일을 한 친구들이 마냥 놀라웠다. 그러나 그들은 오히려 강의, 논문 작성, 책 출간 등을 하는 나를 대단하게 여기고 있었다. 물론 쉬운 일들은 아니다. 글 쓰는 일은 참으로 고통스럽다. 논문을 쓰기 위해 통계 프로그램 앞에서 몇 시간을 보내는 일은 지난하고, 강의를 하기 위해서 자료를 준비하고 연습하는 일도 결코 간단치 않다.

그런데 나는 지금까지 이러한 일들을 특별한 도전이라고 생각하지 않았다. 늘 해왔던 일이었기 때문이다. 하지만 다른 이의 시각으로 볼 때는 '특별한 도전'이었다. 더구나 보통 의사들처럼 진료만 하면서 살아가지 않고 여러 가지 일을 한다는 점에 대해 특히 놀라워했다. 그때 깨달았다. 나는 나도 모르게 도전을 하고 있었던 것이다.

촉박한 마감 시간을 앞두고 글을 쓸 때, 밤늦은 시간까지 강의 자료를 챙길 때, 잠을 줄여가며 논문에 매달릴 때, 나에게는 '도전반응'이 일어나고 있었다. 아마도 그때 내 몸에서는 여러 가지 호르몬이 분출되었을 것이다. 스트레스 상황에서 나오는 코르티솔과 에피네프린뿐만 아니라 도전을 불러일으키는 도파민도 함께 분출되었을 것이 분명하다.

나에게 일어난 도전반응은 특별한 것이 아니다. 사람은 누구든지 도전반응을 일으킬 수 있다. 나는 일반 직장인들이 일하면서 받는 스트레스에서도 도전반응이 나타날 수 있는지를 연구해보고 싶어져 도전했다. 그리고 그 연구로 경영학 박사학위를 받았다.

이 연구를 통해 일하면서 받는 직무 스트레스는 우리를 힘들게 하지만, 오히려 그러한 상황이 도전반응을 일으켜서 업무에 몰입시키고 성과를 내게 한다는 사실을 확인했다. 물론 반대로 좌절반응을 일으키는 직무 스트레스 요인들이 존재한다는 사실도 확인했다.

연구 대상자들은 서울에서 근무하는 일반 직장인 약 400명이었다. 이 연구 덕분에 스트레스 상황이라 해도 좋은 반응인 '도전반응'을 누구든지 일으킬 수 있음을 알게 되었다. 물론 모든 사람에게 도전반응이 일어나는 것은 아니었고, 여기에는 몇 가지 조건이 필요했다. 또한 이때 관련되는 감정반응들이 있다는 사실을 발견했는데, 도전반응뿐 아니라 배려반응과 친교반응은 매우 건강한 감정반응을 일으키게 했다. 스트레스 상황에서도 건강한 감정반응을 일으키도록 하는 몇 가지 조건들은 제3장에서 자세하게 다룰 것이다.

좌절과 희망은 손바닥 뒤집기와 같다

웹 디자이너로 평범하게 생활하던 A씨는 젊은 나이에 난치병에 걸렸다. 그의 병명은 '강직성 척추염'. 이 병은 척추부터 시작해 온몸의 뼈마디에 염증이 생기면서 몸 전체가 서서히 굳어가는 병이다. 완치가 매우 어렵기 때문에 오랫동안 꾸준히 치료를 해야 하는 아주 힘든 병이다. 물론 증상을 조절하면서 잘 살아가는 환자들도 많이 있다. 그러나 병세가 안 좋아지면 심각한 후유증이 생길 수도 있는 어려운 병이다.

그가 이 병을 처음 진단받은 나이는 30대 초반. 당시 그는 평생 동안 병을 치료하면서 살아가야 한다는 사실에 희망을 잃었다. 수년간 치료를 받아온 그는 시간이 흐르면서 조금씩 비관적인 생각이 들기 시작했고 그만 투병생활을 마치려 했다. 그가 선택한 것은 바로 자살이었다.

그는 자살을 결심하고 한강으로 가기 위해서 지하철을 탔다. 그때 옆자리에 앉아 있던 아주머니가 들고 있는 잡지가 눈에 들어왔고, 그의 시선은 잡지에 실린 한 장의 사진에 머물렀다. 연기자 김혜자 씨가 아프리카의 병들고 굶주린 어린아이를 안고 있는 사진이었다. 그 순간 그에게서 이상한 반응이 일어났다. 갑자기 주체할 수 없을 정도로 한없이 눈물이 쏟아지기 시작했다. 그는 한참을 울고 나서 손수건으로 눈물을 닦고 일어나 자살하지 않기로 마음을 바꿨다. 그리고 집으로 돌아왔다.

그날 이후 그의 마음속에 새로운 결심이 섰다. 아프리카 아이들을 도와야겠다는 결심. 그때부터 그는 10년째 아프리카의 '피카두'라는 어린 소년에게 매달 송금을 하고 있다. 본인도 아프고 힘든 상황에서 그런 결심과 실행을 한 이유는 무엇일까? 인터뷰에서 그는 이렇게 이야기했다.

"매달 보내는 3만 원은 내게는 후원이 아니라, 나를 살아 있게 하는 원동력입니다. 오히려 제 후원을 받아준 피카두가 고맙죠. 그 아이를 알게 되어 제가 다시 살아갈 수 있었으니까요."

도대체 그에게 어떤 변화가 일어난 것일까? 왜 갑자기 자살하겠다는 생각을 멈추고 새로운 삶을 살아갈 수 있는 힘이 생긴 것일까? 그 힘은 바로 '이타심'이라는 본능이었다. 이타심은 인간이 갖고 있는 본능 중에서 가장 숭고하고 인간다운 것인데, 이 본능에 의해서 '배려 반응'이 나타난 것이다. 그 순간 그의 뇌에서는 옥시토신이 강력하게 분비되었을 것이 분명하다. 그 사진 한 장은 그의 뇌 호르몬을 바꾸고 그의 운명도 바꾸었다. 즉 '좌절반응'에서 '배려반응'으로 바뀌게 만든 것이다.

드디어 그는 아프리카에 피카두를 만나러 갔다. 처음 후원을 시작할 때와 달리 몰라볼 정도로 훌쩍 커버린 피카두와 눈물을 흘리며 포옹했다. 그의 행복한 표정은 보는 이들도 기쁘게 만들었고, 매체를 통해 그 사진을 보던 나도 마음이 행복해졌다. 분명 내게서도 옥시토신이 분비되었으리라. 그를 보면서 나는 알게 되었다. 사람이 보여주는 감정반응은 정말 빠르게 변화될 수 있다는 사실을. 좌절과 희망은 종이 한 장 차이라는 것을.

수다로 푸는 사람, 조용히 삭히는 사람

사람마다 스트레스를 푸는 방법은 매우 다양하다. 그리고 그 방법들을 살펴보면 그 사람에게서 어떤 스트레스반응이 주로 나타나는지를 알 수 있다. 친구들과 만나서 수다를 떠는 것이 스트레스 해소에 도움이 된다고 말하는 사람이 매우 많다. 특히 여성 비율이 높다. 그런 경우는 '친교반응'이 작용한다고 볼 수 있는데, 옥시토신과 관련된 반응이다.

반대로 집에 혼자 틀어박혀서 잠수를 타는 사람도 있는데, 이는 '도피반응'으로 볼 수 있다. 인간은 생각하는 동물이 아닌가. 문제를 바라보는 관점을 바꾼다든지 낙관적인 생각을 통해서 상황을 새롭게 바라보는 시간을 가질 수 있다면, '도피반응'이 꼭 나쁜 것만은 아니다. 그러나 지속적으로 부정적인 생각에 사로잡혀 결국 '좌절반응'으로 이어지게 된다면, 더 나빠질 가능성이 크다.

강의를 하다 보면 "저는 스트레스 받을 때 술을 먹고 푸는데, 이건 어떤 반응인가요?"라고 묻는 이들이 있다. 그러면 나는 다시 이런 질문을 던진다. "술을 혼자서 드시나요? 아니면 친구들과 함께 드시나요? 그리고 술을 드시고 나면 그 상황을 바라보는 시각이 좀 달라지던가요?"

만일 친구들과 함께 수다를 떨면서 술을 먹는다면 분명 친교반응이 포함되어 있다. 그렇지만 혼자서 먹는다면 회피반응에 더 가깝다.

친구들과 술을 먹더라도 술을 먹는 것 자체는 일종의 회피반응이다. 술기운을 빌려서 생각을 잊어보려는 의도가 있기 때문이다. 그런데 술을 혼자서 먹든 함께 먹든 중요한 것은 그다음의 감정 상태다.

술을 먹고 나서 스트레스 상황을 바라보는 나의 관점이 달라져 감정 상태가 조금 더 편안해졌다면, 좋은 반응이 일어난 것이다. 그러나 술을 먹고 나서도 여전히 감정적으로 힘들다면 스트레스 해소가 되지 않은 것이다. 스트레스를 푸는 것과 스트레스를 피하는 것은 구분해야 한다. 그리고 그 차이는 결국 상황에 대한 나의 관점이 달라져 있는지 여부에 따라 결정된다.

스트레스를 받을 때 운동을 하는 것은 어떨까? 운동을 하는 행위에는 투쟁반응과 도전반응이 섞여 있다. 몸에서 분출된 코르티솔과 에피네프린은 근육의 힘을 쓰기 위해서 만들어진 것이므로 운동을 통해서 호르몬을 소비시킬 수 있다. 그렇게 되면 더 이상 필요 없는 호르몬의 영향을 덜 받을 수 있으니 건강에 좋다. 그뿐 아니라 도전반응과 함께 도파민도 분비되어서 더 좋은 감정을 얻을 수 있으므로, 운동은 여러 측면에서 긍정적인 영향을 준다.

식욕이 솟구치는 사람, 식욕이 사라지는 사람

"저는 스트레스만 받으면 단 음식이 먹고 싶어요."

이렇게 호소하는 환자들이 참으로 많다. 단 음식뿐 아니라 탄수화

물도 먹고 싶어진다. 주로 밀가루 음식이다. 빵, 과자, 케이크, 칼국수, 라면, 파스타, 초콜릿이 평소보다 더 먹고 싶어진다. 우리를 그렇게 만드는 주범은 바로 '코르티솔'이다. 코르티솔은 우리로 하여금 단 음식을 갈구하게 만들고 밀가루와 같은 탄수화물을 찾도록 만든다. 더불어 식탐도 늘어나게 만든다. 그래서 스트레스를 받으면 식욕이 늘어 살이 찌는 사람들이 있는데, 앞서 말했듯 나도 그런 이들 중 한 명이었다.

반대로 스트레스 때문에 살이 빠지는 사람들도 있다. 이런 이들은 입맛이 떨어져 먹기가 싫어지고, 음식을 먹지 않으니 자연스럽게 살이 빠진다. 한마디로 '마음고생 다이어트'다. 이렇게 되는 이유는 바로 '에피네프린' 때문이다. 에피네프린은 우리를 긴장시키면서 식욕을 떨어뜨린다. 배고픔도 잘 못 느끼게 한다.

스트레스 상황에서 코르티솔과 에피네프린은 같이 분비되지만, 유전적 성향이 다르기 때문에 사람마다 분비되는 비율이 다르다. 먹는 것으로 스트레스를 푸는 것은 일종의 도피반응에 가깝다. 순간적인 행복감을 얻으려는 시도이기 때문이다. 먹고 나서 기분이 나아지고 상황을 바라보는 관점이 달라진다면, 그래서 감정반응이 좋아진다면 나쁜 해결책은 아니다. 특히 혼자 먹는 것이 아니라 친구들이나 사랑하는 가족들과 함께한다면 그 자체로도 충분히 긍정적인 효과가 있다.

나의 마음으로 가는 나침반, 메타인지

요즘에는 반려동물을 기르는 사람들이 점차 늘어나고 있다. 단순히 애완동물이 아니라 가족이 되는 것이다. 주인과 반려동물은 서로 교감할 뿐 아니라, 서로에게 남다른 감정을 느낀다. 반려동물을 기르는 사람들에게 동물들이 감정을 느끼는 걸 알고 있느냐고 물어보면 이렇게 대답한다.

"그럼요, 동물도 사람과 똑같이 감정을 느껴요. 기쁨, 화, 슬픔도 느끼고요. 사람하고 같아요."

맞는 말이다. 물론 동물도 감정을 느낀다. 그런데 차이점이 있다. 사람에게만 있는 '메타인지'Meta-cognition 때문이다. '인지'는 무언가를 알아차린다는 뜻이고, '메타'는 여러 가지 의미가 있지만 여기서는 '더 높은', '초월적'이라는 뜻으로 쓰인다. 해석하자면 메타인지는 '더 높은 곳에서 느끼는 초월적 인지'다. 한마디로 말해 사람만이 갖고 있는 '특별한 알아차림'이 존재한다는 것이다.

'내가 어떤 감정을 느끼고 있다는 사실을 알아차리는 것!'

바로 이것이다.

이는 다른 동물에게는 없고, 사람만이 갖고 있는 매우 대단한 능력이다. 사람의 뇌는 동물의 뇌와 다른데, 특히 사람만 갖고 있는 뇌인 전전두엽prefrontal lobe 때문에 더 차별화된다. 본능과 감정을 관장하는 뇌는 동물에게도 똑같이 존재하고, 포유류처럼 지능이 있는 동물들은 사람처럼 전두엽frontal lobe도 가지고 있다. 단지 전두엽의 크기에 따라서 지능의 차이가 있을 뿐이다.

그런데 인간은 전두엽 앞에 또 다른 뇌, 바로 전전두엽을 갖고 있다. 전전두엽은 보다 고차원적인 정신활동이 이루어지는 곳인데, 이 때문에 사람은 자신의 감정을 인지할 수 있다. '내가 지금 슬픔을 느끼고 있구나!' 또는 '내가 지금 즐거워하고 있구나!' 하는 식으로 분노, 슬픔, 기쁨, 즐거움 등의 감정을 스스로 인지하는 것이다.

메타인지는 다시 표현하면 또 다른 '나'가 지금의 '나'를 바라보는 힘이다. 즉 '제3자 입장에서 자신을 바라보는 시각'이다. 그런데 메타인지가 아무 때나 쉽게 되는 것은 아니며, 특히 감정에 대해서는 정확한 메타인지를 하기 어렵다. 일반적으로 많은 사람들이 감정에 대해서 공부를 해본 적이 별로 없기 때문이다.

나는 진료하며 환자들의 이야기를 듣다가 가끔 이런 질문을 한다.

"그때 감정이 어떠셨나요?"

그러면 대부분의 환자들은 자신이 느꼈던 감정을 정확하게 표현하지 못하고 그냥 이렇게 대답한다.

"기분이 아주 안 좋았어요." 또는 "아주 좋았어요."라고 말이다.

사실 부정적 감정과 긍정적 감정은 쉽게 구분할 수 있다. 그러나 구체적으로 어떤 감정을 느꼈는지를 표현하는 데는 어려움을 겪는다. 예를 들면 그 감정이 분노인지, 불안인지, 슬픔인지를 구분해야 한다. 그 외에도 부정적인 감정의 종류는 너무나 많다. 자괴감, 허탈함, 죄책감, 절망감, 창피함 등등. 반대로 긍정적 감정도 아주 여러 가지가 있다. 편안함, 안락함, 기쁨, 희망, 즐거움, 만족감, 성취감 등등.

이런 다양한 감정들 중에서 내가 어떤 감정을 느끼고 있는지를 알고 표현하는 것은 쉽지 않다. 그렇기 때문에 메타인지를 활용해서 자신의 감정을 살피고, 마음을 들여다보는 것은 아주 중요하다. 왜냐하면 그런 과정을 통해 감정이 정리되고, 왜 그런 감정이 들었는지를 스스로 알아차리면서 마음이 치유되기 때문이다. 그래서 감정을 스스로 알아차리는 '메타인지'는 우리를 동물과는 다르게 만들며, 인간답게 살아가게 해주는 힘이 된다.

지금 이 책을 읽으면서도 머릿속에서 스스로에게 무언가를 이야기하는 또 '다른 나'를 느끼고 있지는 않은가? 바로 그 또 다른 내가 느껴질 때가 '메타인지'가 작동하고 있는 순간이다. 이러한 '메타인지'는 인간만이 갖고 있는 능력이기 때문에 누가 알려주지 않아도 자신이 어떤 감정을 느끼고 있는지를 스스로 알아차릴 수 있다.

그러나 동물은 즐거움, 화, 슬픔에 빠지면 스스로 어떤 감정인지 인지하지 못하고 그냥 그 감정에 빠져버린다. 여기서 메타인지가 있느냐 없느냐가 얼마나 중요한 차이를 보이는지 알게 된다. 만일 메타인지가 발동하지 못해 '화' 속에 빠진 채 헤어 나오지 못한다면 동물과 다를 바 없다. 사람은 메타인지가 발동하는 순간 제3자 입장에서 나를 바라보게 되고, 그때 그 감정에서 빠져나올 수 있다. 그래서 최악의 감정 상태에서도 자신을 제어하고 극단적인 선택을 피해갈 수 있는 것이다.

감정에 대한 메타인지를 잘하는 사람은 다른 사람들과의 관계에서도 탁월함을 발휘한다. 사람들 간의 문제는 감정 표현이 부족하거나, 잘못된 표현을 하는 것과 연결되는 경우가 많기 때문이다. 자신의 감정 상태를 정확하게 이해하고 상대에게 자신의 감정을 이성적으로 표현하는 것은, 서로를 이해하고 신뢰하는 데 도움을 준다.

사람 간의 관계에서 서로의 감정을 이해할 수만 있다면, 심리적 소통은 원활해지고 관계에서 오는 스트레스는 사라진다. 이는 공감의 상태다. 하지만 공감은 타인의 감정을 이해하는 데서 시작되기에 결코 쉽지 않다. 스스로의 감정도 알아차리지 못하고 있는데, 다른 사람의 감정을 알아차리는 것이 쉬울 리 없다. 그뿐 아니라 공감을 하려면 마음의 여유가 있어야 한다.

"곳간에서 인심 난다."는 속담처럼 내 마음의 곳간이 비어 있는데, 다른 사람의 마음을 헤아리고 이해해줄 여유가 없다. 그러므로 타인과 공감하기 위해서는 먼저 자신의 마음 곳간을 들여다볼 수 있어야 한다. 이때 메타인지가 필요하다. 자기 마음을 제대로 알아야 곳간을 채울 수 있고, 다른 사람과 소통할 수 있는 여유도 생긴다.

"아내 잔소리가 너무 심해서 부부싸움을 자주 합니다."

진료실에서 가끔 듣는 남편들의 넋두리다. 실제로 이 세상 거의 모든 아내들은 남편의 못마땅한 점을 이야기한다. 반대로 이 세상 거의 모든 남편들은 아내의 바가지를 지겨워한다. 아내의 입장에서는 바가지가 아니다. 그냥 잘못된 점을 바로잡으려고 하는 것뿐이다. 그러다 보니 말이 많아진다.

"양말 벗을 때 제발 뒤집어서 벗지 말고 제대로 좀 벗어."

"드라이를 쓰고 나면 코드 좀 뽑아놓으라고 했잖아."

"치약 쓸 때는 끝에서부터 잘 짜야지, 이게 뭐야?"

흔히 듣는 잔소리다. 그리고 아무리 들어도 그 버릇이 잘 고쳐지지 않는다. 그런데 아내가 만일 자신의 감정을 알아차리고 그것을 정확하고도 차분하게 표현한다면 어떻게 될까? 이런 식으로 말이다.

"양말을 뒤집어서 벗어놓으면, 내가 빨래할 때 일일이 다시 뒤집어야 해요. 그럴 때마다 빨래며 설거지며 내가 하는 일들을 당신이 하찮게 여기는 것 같아서 화나고 속상해."

"드라이를 쓰고 코드를 콘센트에 계속 꽂아두면, 혹시라도 화재가 날 것 같아서 불안한 마음이 들어."

화풀이를 하는 대신 이처럼 자신의 감정 상태를 이성적으로 설명할 수 있다면 상대의 태도는 달라질 수 있다. 그리고 아내나 남편의 감정을 바꾸어주기 위해 노력할지도 모른다. 이러한 대화 방식은 사실 소통 방식의 대표적인 방법으로 알려져 있다. 아이 메시지 I-message, 또는 비폭력대화non violent communication 등에서 많이 소개된 소통 방식이다. 그런데 여기서도 먼저 갖추어야 할 조건이 있는데, 바로 '감정에 대한 메타인지'다.

자신의 감정을 알아차리고 표현할 수 있어야 이러한 소통이 가능하다. '감정에 대한 메타인지'는 스스로의 감정 정화와 치유를 위해서도 필요하지만, 타인과의 건강한 소통을 위해서도 반드시 필요하다. 우리가 차근차근 감정에 대한 공부를 해나가야 하는 이유가 여기에 있다.

제2장에서는 우리가 느낄 수 있는 여러 가지 감정의 종류들을 알아보려 한다. 그리고 그러한 감정들이 어떻게 생겨나고, 또한 어떻게 관리해야 하는지도 하나씩 알아볼 것이다. 이제 우리의 '감정' 속으로 더 깊이 들어가 보자.

　다음은 불안에 대한 불안, 즉 불안 자극에 대해 지속적으로 반응하는 경향성을 평가하는 설문이다. 불안 증상을 경험할 때 그 증상으로 인해 얼마나 두렵고 염려되는가를 묻는 16문항으로 구성되어 있다. 다음 문항을 읽어보고, 자신의 상태를 잘 나타내는 번호에 표시해보자. 응답 방식은 각 항목 중 '전혀 그렇지 않다'는 0점, '약간 그런 편이다'는 1점, '중간이다'는 2점, '꽤 그런 편이다'는 3점, '매우 그렇다'는 4점으로 환산해 체크한 후 총점을 내보자.

설문 내용	전혀 그렇지 않다 ↔ 매우 그렇다				
1. 남들에게 불안하게 보이지 말아야 한다.	0	1	2	3	4
2. 집중이 잘 안 되면, 이러다 미치는 건 아닌가 걱정된다.	0	1	2	3	4
3. 몸이 떨리거나 휘청거리면 겁이 난다.	0	1	2	3	4
4. 기절할 것 같으면 겁이 난다.	0	1	2	3	4
5. 감정조절을 잘하는 것이 중요하다.	0	1	2	3	4
6. 심장이 빨리 뛰면 겁이 난다.	0	1	2	3	4
7. 배에서 소리가 나면 깜짝 놀란다.	0	1	2	3	4
8. 속이 메스꺼워지면 겁이 난다.	0	1	2	3	4
9. 심장이 빨리 뛰는 것이 느껴지면 심장마비가 오지 않을까 걱정된다.	0	1	2	3	4

10. 숨이 가빠지면 겁이 난다   0   1   2   3   4

11. 뱃속이 불편해지면, 심각한 병에 걸린 것은   0   1   2   3   4
     아닌가 걱정된다.

12. 어떤 일을 할 때 집중이 안 되면, 겁이 난다.   0   1   2   3   4

13. 내가 떨면, 다른 사람들이 알아챈다   0   1   2   3   4

14. 몸에 평소와 다른 감각이 느껴지면, 겁이 난   0   1   2   3   4
     다.

15. 신경이 예민해지면, 정신적으로 문제가 생긴   0   1   2   3   4
     것은 아닌가 걱정된다.

16. 신경이 날카로워지면, 겁이 난다.   0   1   2   3   4

점수합계 : _____점

결과 해석

16점~20점 : 불안 자극에 약간 민감하게 반응함.

21점~24점 : 불안 자극에 상당히 민감하게 반응함.

25점 이상 : 불안 자극에 매우 민감하게 반응함.

※ 출처 1) 한국판 : 원호택, 박현순, 권석만(1995). 한국판 공황장애 척도의 개발연구. 한국심리학
        회지 : 임상, 14권 95-110.
      2) 원판 : Reiss, Perterson, Grusky, & Macnally (1986). Anxiety sensitivity, anxiety
        frequency, and the prediction of fearfulness. Bejavopr Research and Therapy, 24, 1-8.

다음 질문들은 우울한 정도를 측정하고자 만든 설문이다. 항목별로 잘 읽어본 후 자신의 감정 상태를 가장 잘 표현한다고 생각되는 문항에 체크해보자. 각 문항 중 ①은 0점, ②는 1점, ③은 2점, ④는 3점으로 환산해 체크한 후 총점을 내보자.

1.　① 나는 슬프지 않다.　□
　② 가끔 슬플 때가 있다.　□
　③ 항상 슬픔에 젖어 헤어날 수가 없다.　□
　④ 대단히 슬프고 불행해서 견딜 수가 없다.　□

2.　① 장래에 대해 별로 걱정하지 않는다.　□
　② 장래에 대해 가끔 걱정한다.　□
　③ 장래에 대한 기대는 아무것도 없다.　□
　④ 장래는 절망적이고 나아질 수도 없다.　□

3.　① 실패라는 것은 생각하지도 않는다.　□
　② 다른 사람보다 실패를 많이 한 것 같다.　□
　③ 과거 내 생활은 거의 실패의 연속이었다.　□
　④ 나는 완전히 실패한 인간이다.　□

4.　① 내가 하는 일에 여전히 만족하고 있다.　□
　② 예전처럼 만족을 느끼지 못한다.　□
　③ 무엇을 해도 만족스럽지 않다.　□
　④ 만사가 불만스럽고 짜증이 난다.　□

5. ① 별로 죄책감을 느끼지 않는다. ☐
   ② 때때로 죄책감을 느낀다. ☐
   ③ 자주 죄책감을 느낀다. ☐
   ④ 항상 죄책감에 빠져 있다. ☐

6. ① 벌 받는 느낌은 없다. ☐
   ② 벌을 받을지도 모른다. ☐
   ③ 벌을 받을까 봐 걱정이다. ☐
   ④ 나는 지금 벌을 받고 있다. ☐

7. ① 나의 결단력은 전과 같다. ☐
   ② 전보다 다소 결단력이 약해졌다. ☐
   ③ 전보다 훨씬 결단력이 약해졌다. ☐
   ④ 나는 아무것도 결단을 내릴 수가 없다. ☐

8. ① 전보다 내 모습이 못하지는 않다. ☐
   ② 내가 늙거나 매력이 없어진 것 같아 걱정이다. ☐
   ③ 내 모습은 변했고 매력이 없어진 것 같아 걱정이다. ☐
   ④ 나는 아무것도 결단을 내릴 수가 없다. ☐

9. ① 전과 같이 일을 잘할 수 없다. ☐
   ② 전처럼 일을 하려면 조금 힘이 든다. ☐
   ③ 무슨 일이든 하려면 무척 힘이 든다. ☐
   ④ 전혀 아무 일도 할 수가 없다. ☐

10. ① 잠 자는 데 아무 불편이 없다. ☐
    ② 잠을 못 이룰 때가 가끔 있다. ☐
    ③ 평소보다 새벽에 일찍 깨 다시 잠들기 어렵다. ☐
    ④ 한밤중에 깨어 전혀 못 잔다. ☐

11. ① 별로 피곤한 줄 모르고 지낸다. ☐
    ② 평소보다 쉽게 피로해진다. ☐
    ③ 사소한 일에도 곧 피로해진다. ☐
    ④ 너무 피로해서 아무 일도 할 수 없다. ☐

12. ① 나 자신에 대해 실망하지 않는다. ☐
    ② 나 자신에 대해 실망할 때가 많다. ☐
    ③ 나 자신이 지긋지긋하다. ☐
    ④ 나는 나 자신을 증오한다. ☐

13. ① 나는 다른 사람보다 뒤떨어지지 않는다. ☐
    ② 나의 약점이나 실수는 가끔 내 탓으로 돌린다. ☐
    ③ 다른 사람보다 뒤떨어지는 것은 거의 내 탓이라고 생각한다. ☐
    ④ 잘못된 일은 모두 내 탓이다. ☐

14. ① 죽고 싶은 생각은 없다. ☐
    ② 가끔 죽고 싶은 생각이 들지만 실행은 못 할 것이다. ☐
    ③ 나는 죽고 싶은 생각을 할 때가 많다. ☐
    ④ 기회만 있으면 죽고 싶다. ☐

15. ① 평소보다 더 우는 편은 아니다. ☐
    ② 전보다 더 자주 우는 편이다. ☐
    ③ 요즘은 항상 울고 있다. ☐
    ④ 울고 싶어도 나올 눈물조차 없다. ☐

16. ① 전보다 더 짜증나지는 않는다. ☐
    ② 전보다 더 쉽게 짜증이 난다. ☐
    ③ 요사이 항상 짜증이 난다. ☐
    ④ 짜증내고 싶어도 이제는 짜증내기도 지겹다. ☐

17. ① 다른 사람들과 여전히 잘 어울린다. ☐
    ② 다른 사람들과 어울리지 못 할 때가 가끔 있다. ☐
    ③ 거의 대부분 다른 사람들과 어울리지 못 한다. ☐
    ④ 다른 사람들에 대해 전혀 흥미가 없다. ☐

18. ① 입맛은 평소와 같다. ☐
    ② 입맛이 전과 같지는 않다. ☐
    ③ 요사이 입맛이 매우 나빠졌다. ☐
    ④ 전혀 입맛이 없다. ☐

19. ① 체중의 변화는 없다. ☐
    ② 근래 3킬로그램가량 줄었다. ☐
    ③ 근래 5킬로그램가량 줄었다. ☐
    ④ 근래 7킬로그램가량 줄었다. ☐

20. ① 건강에 대한 걱정은 별로 안 한다. ☐
    ② 신체적 건강에 대해 걱정한다. (몸살, 소화불량 등) ☐
    ③ 신체적 건강에 대한 걱정 때문에 다른 생각을 하기가 힘들다. ☐
    ④ 신체적 건강에 대한 걱정 때문에 전혀 아무 일도 할 수가 없다. ☐

21. ① 성욕이 전보다 떨어진 것 같지는 않다. ☐
    ② 성욕이 전보다 약간 떨어졌다. ☐
    ③ 확실히 성욕이 떨어졌다. ☐
    ④ 전혀 성욕이 일어나지 않는다. ☐

점수합계 : _____점

결과 해석

0~9점 : 우울하지 않은 상태

10~18점 : 가벼운 우울 상태

19~29점 : 중한 우울 상태

30점 이상 : 심한 우울 상태

※출처 : 세브란스병원 가정의학과 우울증 평가 설문(Beck depression inventory)

감정반응 테스트

스트레스 상황에 대응하는 나의 감정반응을 테스트하는 체크 리스트다. 아래 항목을 보고 지난 한 달 동안의 기분, 생각, 감정을 느낀 정도에 따라 표시해보자. 4, 5, 7, 8번 문항은 점수가 반대로 배열되어 있다.

지난 한 달 동안 느낀 기분이나 생각	전혀 그렇지 않다 ↔ 항상 그렇다					
1. 예상치 못한 일 때문에 화가 났다.	0	1	2	3	4	5
2. 내 힘으로 중요한 일들을 처리하지 못했다고 느꼈다.	0	1	2	3	4	5
3. 스트레스를 받아서 불안했다.	0	1	2	3	4	5

4. 개인적인 문제들을 잘 처리하고 있다는 자신감을 느꼈다.　　5　4　3　2　1　0

5. 일이 순조롭게 풀린다고 느꼈다.　　5　4　3　2　1　0

6. 내가 할 일을 제대로 하지 못하고 있다는 생각이 들었다.　　0　1　2　3　4　5

7. 짜증을 잘 조절할 수 있었다.　　5　4　3　2　1　0

8. 주변 상황을 잘 파악하고 관장하고 있다고 느꼈다.　　5　4　3　2　1　0

9. 일이 뜻대로 되지 않아서 화가 났다.　　0　1　2　3　4　5

10. 힘에 부치는 일이 너무 많아서 헤어날 수 없다고 느꼈다.　　0　1　2　3　4　5

점수합계 : _____점

결과 해석

0~12점 : 스트레스 상황이 적거나 스트레스에 대한 감정반응이 매우
　　　　좋은 상태

13~25점 : 스트레스에 대한 감정반응이 약간 좋은 상태

26~37점 : 스트레스에 대한 감정반응이 나빠지고 있는 상태

38~50점 : 스트레스에 대한 감정반응이 매우 나쁜 상태

※ 출처 : (1) 백영묘(2010), 지각된 스트레스 : 척도 표준화 및 기억 기능에 대한 영양탐색, 서울대학교 석사학위 논문.

(2) Cohen, S. & Willianmson., G.M.(1988). Perceived Stress in a Probability Sample of the United States. in S. Spacapan & S. Oskamp (Eds.), The Social Psychology of Health. Newbury Park, CA : Sage.

다 된 일에 괜한
걱정 뿌리는 습관 버리기

좋은 감정만 남기는 사람들의 비밀

2018년 1월 12일 서울 아침 최저 기온은 영하 16도, 체감 온도는 영하 20도를 넘었다. 아침 6시 48분 여의도역에서 생방송으로 날씨를 알려주는 기상 캐스터의 등장에 나는 깜짝 놀랐다. 개그맨 조세호 씨였기 때문이다.

프로 억울러 조세호는 어떻게 프로 긍정러가 됐나

그는 깔끔한 정장을 차려 입고, 추위에 떨면서도 활기찬 목소리로 약 3분간 날씨를 전해주었다. 그리고 7시 32분경, 그는 또 한 번 기상 캐스터로 화면에 나타났다. 이번에는 동장군 의상을 입고 있었다. 다시 한 번 날씨를 전해주었고, 출근하는 시민들을 대상으로 인터뷰를 시도했다.

하지만 바쁘고 추운 출근길, 인터뷰에 응하는 시민은 없었다. 모두 그를 무시하고 지나쳤지만, 그는 포기하지 않고 지나가는 시민들에게 "짧게 인터뷰 한번만 부탁드려요!"라고 외쳤다. 역시 쉽지 않았다. 이렇게 동장군 옷을 입고 인터뷰를 요청하는 장면이 약 3분이나 계속되었다. 그의 굴욕스러운 장면에 나도 모르게 폭소가 터져 나왔다. 나는 한참을 웃고 나서 뭔가 가슴 깊이 울려오는 감정을 느꼈다. 그것은 '호감'을 넘어서는 '존경심' 같은 것이었다.

그는 '잡초 같은 개그맨'이라는 이야기를 듣고 살아왔다. '프로 봇짐러', '프로 불참러', '프로 억울러' 이 모두가 그의 별명이다. 조세호 씨는 자신을 가리켜 이렇게 말한다. '나는 어디를 다니든지 짐을 꾸려서 다닐 수 있는 사람'이라고. 누구보다 보따리를 싸는 데 선수라는 뜻이다. 과거에 지상파 프로그램에 고정 출연을 하지 못하고, 여기저기 자주 옮겨 다니면서 스스로 붙인 별명이다.

어느 프로그램에서 김흥국 씨가 그에게 대뜸 물었다. "너 안재욱 결혼식에 왜 안 왔어?" 그러자 그는 난감한 표정으로 대답했다. "모르는데 어떻게 가요?" 폭소가 터져 나왔다. 그 일이 있고부터 그는 '프로 불참러', '프로 억울러'로 자리 잡았다.

사실 그의 개그맨 데뷔는 비교적 화려했다. 2001년 SBS 개그 콘테

스트에서 대상을 받았으나, 그 후 10년이 넘도록 크게 뜨지 못했다. 그는 힘들고 어려운 역할을 하면서도 고정 출연자로 자리 잡지 못했고, 방송에서는 짓궂은 장난의 대상이 되거나 억울한 상황을 겪었다. 마음이 편치는 않았을 것이다. 그럼에도 그는 늘 활기찬 에너지를 보여주었다. 언제 끝날지 모를 무명 시절을 겪으면서 포기하고 싶었을 법도 한데, 긍정적 에너지와 희망을 잃지 않았다. 그리고 그는 무한도전의 멤버가 되었다.

감정에 휘둘리지 않는 사람만이 갖는 인생의 품격

70세라는 나이가 무색하게 드라마와 영화뿐 아니라 예능에서도 활약하고 있는 대한민국 대표 배우 윤여정 씨. 스페인 작은 마을 식당 주방에서 땀을 뻘뻘 흘리며 호떡을 굽고, 영어로 외국인들과 소통하는 〈윤식당〉의 그녀는 드라마 속의 모습과는 사뭇 다르다. 배우로서의 격을 잃지 않으면서도 매사 쿨하고 담백한 자연인 그대로의 모습이 매력 넘친다.

몇 년 전 방영된 〈꽃보다 누나〉의 한 장면으로 기억된다. 배우 이미연 씨가 '막상 믿고 들어간 작품이 너무 마음에 안 들면 어떻게 이겨내는지'를 물었다. 그러자 그녀는 특유의 시원스러운 말투로 이렇게 대답했다.

"뭘 어떻게 해? 그냥 똥 밟았다고 생각하는 거지. 다 잃는 것 같아도 사람이든 뭐든 하나는 얻는다."

그녀의 대답을 듣고 '역시!' 하는 감탄사가 흘러나왔다. 52년 연기 인생을 살아온 대배우의 내공이 느껴지는 순간이었다. 쓰고, 달고, 맵고, 아린 인생의 여러 감정들에 맞서거나 휘둘리지 않고, 그 감정들을 다독이며 살아온 그녀의 태도가 느껴져 더욱 감탄할 수밖에 없었다.

우리는 살다 보면 뜻밖의 상황을 맞게 된다. 일이 내 생각처럼 돌아가지 않거나, 기대한 것과 다르거나, 당황스러운 요구를 받는 등. 그런 상황에 처했을 때 윤여정 씨처럼 담담하게 받아들이고, 나쁜 감정들을 빨리 정리할 수 있는 사람들이 있다.

나는 이런 사람들을 좋아할 뿐 아니라 궁금해진다. 보통 사람들과 다르게 실망과 좌절을 도전과 희망으로 바꾸어나가는 특성이 무엇일까? 그리고 이러한 특성을 의학과 심리학으로 설명할 수 있다면 얼마나 좋을까?

살아가다 보면 우리는 억울한 일, 슬픈 일, 화나는 일을 당한다. 그래서 그 감정을 제어하지 못하고 마구 분출하거나, 혹은 반대로 감정을 억압하며 서서히 삶이 망가지기 시작한다. 이렇게 뒤죽박죽 복잡한 감정들을 깔끔하게 정리할 수 있다면, 우리의 삶은 달라질 수 있다. 불안과 좌절이 도전과 희망으로 바뀔 수 있다면, 짜증과 분노가 용서와 편안함으로 변할 수 있다면 분명 우리의 삶은 달라질 것이다. 그러한 사람들이 갖고 있는 감정의 비밀이 무엇인지 함께 알아보자.

'걱정도 팔자'인 사람들을 위한 조언

어릴 적부터 걱정이 많던 나는, 부모님께 이런 말을 자주 들었다.

"걱정도 팔자다!"

그럴 때마다 속으로 생각했다.

'누구는 걱정을 하고 싶어서 하나? 그냥 걱정이 되는 걸 어떡해!'

걱정은 내 마음속 한구석 깊은 곳에 늘 자리를 잡고 앉아서, 묵직한 통증을 안겨주었다. 때론 이 마음의 통증이 완전히 사라진다면 얼마나 좋을까 생각하곤 했다. 그렇게만 된다면 마음이 날아갈 듯 가벼워질 것 같았다. 아무 걱정 없이 살 수 있다면 그보다 더한 행복은 없을 것 같았다.

하지만 과연 걱정 없는 삶이 가능할까? 결코 그렇지 않다. 사람으로 태어난 이상 우리는 모두 걱정에서 자유로울 수 없다. '인간은 걱정하는 동물'이다. 그래서 나는 사람을 '호모 안시우스'homo anxius라고 부른다.

걱정이 심해지면 '불안'이 된다. '불안'은 '걱정'의 형인 셈이다. 그리고 불안이 더 심해지면 심리적 질병으로 발전하는데, 바로 '공황장애'다. 너무 불안해서 죽을 것 같은 기분이 드는 공황장애는 정신건강의학과의 응급상황에 속한다. 걱정을 줄이고 편안한 마음을 가져야 한다는 것은 누구나 알고 있지만, 어린 시절 내가 했던 푸념처럼 그것은 결코 쉬운 일이 아니다.

걱정은 마음의 위험을 알리는 신호

사실 사람이 걱정을 하는 이유는 생존을 위해서다. 사람은 몸과 마음에 자극(통증)이 가해져야만 생존할 수 있다. 쉽게 납득이 되지 않는가? 의과대학 시절 '몸의 통증'에 대해서 배울 때였다. 교수님은 통증이 나쁜 것이 아니며 통증이 없다면 사람은 생존할 수 없다고 했다. 처음에는 나도 그 말이 이해가 되지 않았다. 통증은 우리를 괴롭히는 것 아닌가. 그러나 곧 우리가 통증을 느끼지 못한다면 정말로 살아가기 어렵다는 것을 알게 됐다.

만일 당신이 통증을 느끼지 못한다면 새 구두 때문에 생긴 뒤꿈치의 상처를 인지하지 못할 수 있다. 상처가 방치되면 곧 감염이 일어나 살이 썩어 들어가는 지경에 이를 것이다. 실제로 당뇨 합병증 환자는 발가락의 감각을 잃어 발이 썩는 것을 뒤늦게 발견하기도 한다. 만일 아기들이 손에 통증을 느끼지 못한다면 끓는 물에 손을 넣어 심각한 화상을 입을 수도 있다. 이처럼 통증은 '필요악'이다. 우리를 괴롭히기도 하지만, 통증이 없다면 더 큰 위험에 빠질 수도 있다.

걱정도 마찬가지다. 걱정은 위험을 미연에 방지하도록 돕는 '마음의 통증'이다. 인간은 생각하기 시작하면서 동시에 걱정도 시작했다. 어찌 보면 걱정은 인류의 역사와 함께해왔다고 할 수 있다. 이러한 걱정 덕분에 인간은 지금까지 종족을 유지할 수 있었다. 사람이 몸의 통증을 느낄 수 있어야 몸을 보호할 수 있는 것처럼, 걱정을 하게 된 인간은 마음의 통증인 걱정을 통해 삶에 대한 대책과 준비를 해왔다. 즉 인간은 걱정을 하는 것으로만 끝나지 않았고, 걱정이 도화선이 되어 용기를 내고 도전할 수 있었다.

인간의 뇌는 걱정을 만드는 회로를 갖고 있다. 감정을 다루는 변연계에는 기억을 담당하는 해마와 편도체가 있는데, 이곳에서 과거의 기억이 연상되어 걱정을 일으킨다. 과거에 느꼈던 두려움이 기억으로 저장되고, 그것이 걱정으로 발전하는 것이다. 걱정의 씨앗은 두려움인 셈이다.

걱정은 자연스러운 현상이기 때문에 사실 문제될 것이 없다. 그런데 우리가 걱정을 어떻게 받아들이고 어떻게 행동하느냐에 따라 결과는 극과 극으로 달라진다. 걱정이 불안이 되고 다시 공황장애로 발전해서 아무 행동도 못하게 되는가 하면, 반대로 걱정이 오히려 동기를 부여하고 새로운 행동을 이끌어내기도 한다. 걱정이 성장의 도구가 되는 것이다.

- 두려움 → 걱정 → 불안 → 공황장애, 중독, 고립된 생활 : 도피반응
- 두려움 → 걱정 → 대책 → 용기와 도전 → 행동 → 성과 및 성장 : 도전반응

두려움이 걱정으로 발전할 때 내가 어떻게 반응하느냐에 따라서 명암이 갈린다. 도피반응이 나오게 되면 우리의 삶은 황폐해지고, 도전반응이 나온다면 성장하는 삶이 된다. 도전반응은 용기에서 나오는데, 용기는 걱정이나 두려움이 없는 상태가 아니라, 걱정과 두려움을 이겨내고 행동하는 것이다. 그러므로 두려움과 걱정이 없다면 용기도 없다. 도전의 결과는 '성공'과 '실패'가 아니라, 바로 '성공'과 '성장'이다. 우리는 도전을 통해서 성장한다. 삶을 변화시키는 용기와 도전은 결국 두려움과 걱정에서 시작되었음을 잊지 말자.

걱정을 걱정하지 않는 법

얼마 전 친구들과 오랜만에 늦은 시간까지 술잔을 기울였다. 약간

취기가 오르자 하나둘 걱정거리를 이야기하기 시작했다. 우리 중 가장 늦게 결혼한 친구가 사춘기를 맞는 중학생 딸의 걱정을 늘어놓았다. 그렇게 다정하던 딸아이가 요즘에는 말도 없고, 방에 들어가서 나오지 않는다는 것이다. 뭔가 잘못돼가고 있는 것은 아닌지 큰 걱정이라고 했다.

다른 친구는 공부를 썩 잘하지 못하는 고3 아들을 어느 대학에 보내야 할지 걱정이 이만저만이 아니었다. 만일 지방 대학으로 가게 된다면 낯선 곳에서 혼자 잘 적응하고 공부할 수 있을지 걱정이라고 했다. 그러자 명문대 대학생 아들을 둔 친구도 질세라 말문을 열었다. 취업 걱정이었다. 번듯한 회사에 들어가야 할 텐데 요즘 취업이 너무 어렵다는 것이다.

참으로 걱정은 끝이 없다. 자녀가 학생일 때는 성적이 걱정이고, 대학 가는 것이 걱정이다. 대학을 졸업하면 취업이 걱정이고, 취업하면 그다음은 결혼을 걱정한다. 자녀가 결혼해도 걱정은 멈추지 않는다. 그다음은 손자와 손녀를 어떻게 키워야 할지 걱정한다. 한마디로 우리의 인생은 걱정의 연속이다.

그러나 가만히 생각해보면 우리에게 걱정을 안겨주는 자녀, 그리고 손자와 손녀, 부모님 들은 우리에게 큰 행복감을 주는 소중한 존재들이기도 하다. 달리 생각해보면 소중한 가족이 있기 때문에 걱정도 있는 법이다. 만일 가족이 없다면 걱정도 사라질까? 아니다. 아마도 또 다른 걱정에 시달릴 것이다. 걱정은 우리와 함께 살아가야 할 친구다. 걱정을 친구 삼아 그것이 '불안'으로 자라나지 않도록 잘 다독이며 살아가야 한다.

걱정이 '불안'으로 자라나지 않도록 잘 다독거려야 하지만, 실패할 수도 있다. 걱정이 불안으로 자라 '도피반응'이 나타나면 우리 삶에 문제가 생긴다. 대표적인 도피반응은 '중독'과 '고립'이다. 불안감을 없애기 위한 행동 중에는 '중독'과 관련된 것들이 많다. 일단 술과 담배가 있고, 게임도 있다. 일부는 도박에 빠지기도 한다. 중독은 순간적으로 우리의 뇌가 쾌감을 느끼게 만든다. '도파민'이 자신의 두 얼굴 중 나쁜 얼굴을 드러내는 순간이다. 도파민은 우리에게 순간의 쾌감을 줌으로써 불안을 잊게 만든다. 그러나 이러한 중독 행동은 '불안'을 없애고 '만족'을 느끼는 데 전혀 도움이 되지 않는다.

우리는 항상 더 많은 것을 원한다. 내가 원하는 대학에 진학하고 싶고, 취업시험에 합격하기를 원하며, 프로젝트를 성공적으로 마치고 싶다. 그뿐인가? 이 외에도 원하는 것은 무수히 많다. 새로운 차를 사고 싶다. 결혼하고 싶다. 라식수술을 하고 싶다. 보너스를 받고 싶다. 휴가를 가고 싶다. 멋진 레스토랑에서 식사를 하고 싶다. 승진하고 싶다. 새로운 아파트로 이사 가고 싶다. 새로운 노트북을 사고 싶다. 새로운 기종의 스마트폰으로 바꾸고 싶다 등등.

대부분의 사람들은 스스로 원하는 것을 이루고 나면 정말 행복해질 것이라고 생각한다. 물론 행복해진다. 그런데 문제는 그 행복이 오래 지속되지 않는다는 데 있다. 그 이유는 아무리 기쁜 일이더라도 시간이 지나면 우리 뇌가 본능적으로 그것에 적응해 더 이상 기쁘거나 행복하다고 느끼지 못하기 때문이다. 이것이 바로 '쾌락적응'hedonic adaptation이다. 우리의 뇌를 쾌감으로 몰아넣는 중독도 다르지 않다. 잠시 불안을 잊게 할 뿐, 결국은 다시 제자리로 돌아온다. 불안을 없애기 위해 순간의 쾌락을 추구하는 것은 절대 빠져나올 수 없는 쳇바퀴를 도는 것과 같다.

불안은 '고립'을 일으키기도 한다. 처음에는 불안을 피하기 위해서 혼자 있기를 선택하지만, 그 시간이 길어질수록 사람들을 만나기가 싫어지고 새로운 일을 추진하기도 어려워진다. 거기에 '외로움'과 '우울'이 가중되면 보다 심각한 '좌절반응'으로 발전하기도 한다. 이렇게 고립으로 발전하는 불안은 그 원인이 주로 대인관계와 관련되어 있는 경우가 많다. 즉 남들의 시선에 대한 걱정으로 불안을 느끼는 것이다.

'남들은 나를 어떻게 생각할까?'

'남들에게 나는 어떻게 보일까?'

이것은 누구나 한번쯤 느껴보았을 법한 걱정과 불안이다. 이러한 불안이 깊어지면 다른 사람들의 시선이 무서워지고 고립을 선택할 수밖에 없게 된다. 분명한 것은 고립 역시 우리의 삶을 황폐하게 만든다는 사실이다.

불안을 잘 다독이지 못해 '중독'과 '고립'에 빠지게 놔둬선 안 된다. 자신의 감정을 인지하고 스스로 긍정적 반응을 만들어낼 수 있어야 한다. 이것이 우리가 감정을 공부해야 하는 이유다.

나비넥타이가 가르쳐준 것

강의를 하면서 알게 된 선배님이 있다. 그분은 조금은 특별한 머리 스타일과 의상으로 처음 만난 날 바로 나의 관심을 사로잡았다. 남자 치고는 꽤 긴 머리를 올백으로 넘겨서 묶었고, 빨간 나비넥타이를 매고 있었다. 그 이후 만날 때마다 그분은 항상 비슷한 스타일이었다. 몇 년 후 그분과 이런저런 이야기를 나누던 중 평소 궁금하던 것을 물어보았다.

"왜 항상 나비넥타이를 매고 다니시는지 궁금합니다. 언제부터 매고 다니셨어요?"

나의 질문에 그는 피식 웃으며 천천히 입을 뗐다.

"벌써 몇 년 됐어요. 강의를 하면서 뭔가 조금 특별해 보이고 싶었어요. 그래서 어떻게 하면 좋을까 생각하다가 나비넥타이를 매기로 결심했죠."

그는 그 당시 기억이 떠오른 듯 미소를 지으며 말을 이었다.

"그런데 그런 변화가 참 쉽지 않더라고요. 처음에 나비넥타이를 매기로 하고 색깔별로 몇 가지를 사갖고 집으로 돌아왔어요. 그런데 다음 날 아침이 되었는데 나비넥타이를 매고 나갈 자신이 없는 거예요. 왠지 사람들이 이상하게 쳐다볼 것 같았거든요. 그래서 내일부터 매야지 하고 그냥 나갔죠. 그런데 그다음 날에도 마찬가지였어요. 그렇게 며칠이 지났어요."

나는 이야기의 결말이 궁금해 더욱 귀를 기울였다.

"그렇게 며칠이 지나자 변화를 시도하려는 내 의지가 많이 꺾여 있더라고요. 순간 '아, 이러면 안 되겠다' 싶더군요. 이런 작은 변화도 남들 눈이 신경 쓰여서 시도하지 못한다면 더 큰 변화는 어떻게 시도하겠나 하는 생각이 들었죠. 그래서 정말 굳게 결심하고 다음 날 아침 나비넥타이를 매고 집을 나섰습니다. 그날 강의가 끝나고 나서 하루 종일 지하철을 타고 다니며 볼 일을 보고 저녁 때 친구들까지 만났어요. 그런데 말이죠…."

그분은 침을 한번 꿀꺽 삼키고는 말을 이어나갔다.

"밤늦게 집으로 돌아오는 길에야 내가 오늘 하루 종일 나비넥타이를 매고 다녔다는 사실이 떠올랐어요. 정말 까맣게 잊고 있었던 거예요. 내가 나비넥타이 맨 것을 의식해서 쳐다보거나 특이하다고 말하는 사람이 아무도 없었던 거지요. 참 재미있는 세상이죠?"

그분의 이야기를 들으면서 남이 나를 어떻게 볼까 걱정했던 과거의 내가 떠올랐다. 많은 스트레스 속에서 살아가던 시절, 내가 느끼는 스트레스 중 큰 몫을 차지하던 것이 바로 '남의 시선에 대한 의식'이었다. 남들이 나를 어떻게 볼까 하는 걱정들 말이다.

사람들은 생각보다 나에게 관심이 없다

진료실에서 만성피로 환자들을 상담하다 보면 비슷한 걱정을 하는 사람들이 아주 많다. 한 조사에 의하면 우리나라 직장인들의 걱정거리 중 3위가 바로 대인관계다. 원만하지 못한 대인관계는 우리에게 큰 스트레스를 준다.

개인이 갖고 있는 잘못된 '자아상'은 대인관계에 문제를 일으키는 원인이 된다. 자아상에 문제가 생기면 남들의 평가나 자신에게 집중되는 관심에 아주 민감해지기 때문이다. 많은 정신 과학자들은 스트레스의 원인으로 이 점을 지적한다. 자신의 신체, 학력, 능력 등에 대한 잘못된 자아상이 열등감을 자극해 스트레스를 일으키고, 그 스트레스가 타인의 시선에 대한 걱정을 불러온다는 것이다.

'남들은 나를 어떻게 볼까?'

이런 생각이 드는 것은 사람이 사회적 동물이기 때문에 당연한 일일 수 있지만, 너무 지나치면 문제를 일으킨다. 남에게 피해를 주지 않는다면, 가능한 한 남을 의식하지 않고 살아가는 것이 좋다. 그래서 자존감이 중요하다. 자존감은 자신을 스스로 가치 있다고 여기는 마음이며 자신을 존중하는 마음으로, 자신감과는 다르다. 자존감은 자신에 대한 사랑과 믿음이 바탕이 되기 때문에 상황에 따라 변하지 않고, 늘 스스로를 긍정하고 믿는 힘이 된다. 그러나 자신감은 타인과의 경쟁을 통해 얻는 힘이기에, 타인의 상황에 따라서 달라질 수 있다. 중요한 것은 자신감이 아니라 자신을 있는 그대로 받아들이고 사랑하는 자존감이다. 상황에 관계없이 흔들리지 않는 자신에 대한 믿음이 있다면 우리는 더 건강하게 살 수 있다.

그리고 앞서 말했다시피 다른 사람은 생각만큼 내게 관심이 없다는 것을 잊지 말자. 살아가면서 자신이 한 행동 때문에 누군가에게 들은 이야기로 큰 상처를 받는 일이 생길 수도 있다. 상대가 상처를 주려는 의도 없이 한 말인데도 유독 가슴에 박혀 사라지지 않는 것이다. 특히 자존감이 떨어지거나 열등감에 빠진 사람이라면 그런 일이 잘 잊히지 않아 더욱 깊은 상처로 남기도 한다. 사실 상처를 받을 필요가 전혀 없는데도 말이다.

그런데 우리에게 그런 말을 한 사람들은 대부분 자신이 그런 말을 했다는 것조차 잊고 살아간다. 별다른 의미 없이 한 말이기 때문이며, 그에게 내가 그다지 관심의 대상이 아니기 때문이다. 다른 사람들은 내가 생각하는 것만큼 나에게 관심이 없다는 점을 되새기며, 타인의 시선에 끌려다니지 말자. 내 할 일로 바빠 남에게 그다지 큰 관심이 없는 자신을 생각해보면 이러한 사실은 더욱 분명해진다.

드라마 〈슬기로운 감빵생활〉의 주인공 김제혁은 극중 유명한 투수다. 그는 감옥생활을 하다 어깨를 다치면서 평생 해오던 야구를 포기한다. 하지만 오랜 고민 끝에 다시 야구를 하기로 마음을 바꿔먹고 조금씩 연습을 하기 시작한다. 그러면서 다시 큰 불안에 휩싸인다. 감옥에 들어오기 전에는 아주 잘나가던 투수였던 그가 과연 다시 화려하게 복귀할 수 있을까? 그는 자신의 감정을 교도관 친구에게 털어 놓는다.

"준호야! 나 야구하면 다시 잘 던질 수 있을까? 다시 했는데 구속도 잘 안 나오고 그러면 어떡하냐? 마무리투수로 나갔는데 1~2년차들한테 홈런 맞고 강판 당하면 어떡하지? 나 다시 야구한다고 하면 다들 기대 엄청 할 텐데…. 1군에서 제대로 던지지도 못하고 2군으로 떨어지면 어떡하냐? 나 전처럼 그렇게 잘하지 못하면 어떡하지?"

그 말을 듣고 있던 친구는 무심한 표정으로 대답한다.

"제혁아! 세상 사람들이 하루 종일 네 생각만 하고 살지 않아. 다 자기 인생 살기 바빠. 너에 대한 관심, 기대, 그거 길어봤자 나는 2주 본다. 사람들의 너에 대한 기대, 그렇게 크지 않아. 구속 120만 나와도 괜찮아. 다시 한 번 마운드에 서보고 잘 안되면 은퇴하자."

친구의 말에 김제혁의 얼굴에는 편안한 미소가 번진다.

괜히 남들을 의식하면서 걱정하는 일은 결국 나만 손해 보는 일이다. 나 역시 남들을 꽤나 의식하며 사느라 늘 신경이 쓰였는데, 이러한 사실을 깨달은 순간 많이 달라졌다. 그리고 걱정이 용기로 바뀌었다. 과거에는 사람들을 의식해서 길거리에서 군것질도 못하던 나였지만, 지금은 그렇지 않다. 일부러 큰길에서 군것질을 하기도 하고, 상인들에게 스스럼없이 말을 걸기도 한다. 그러면서 주위 사람들이 나에게 그다지 신경 쓰지 않는다는 것을 알게 된다.

물론 남을 의식하지 않는 것이 쉽지는 않다. 또 사회적 관계를 맺고 살아가는 사람들에게는 일정 부분 이미지 관리라는 것이 필요하고, 타인과의 관계에서 지켜야 할 매너도 있기 때문에 더욱 그렇다. 다만 분명한 것은 '남들이 뭐라고 해도 나는 나다'라는 생각으로 살아가려 노력해야 한다는 점이다. 다른 사람의 시선이 아니라 나에게 집중하면 걱정과 불안은 한결 덜어진다.

걱정이 인류의 발전을 앞당겼다면

"흰색 차만 보면 나도 모르게 겁이 나고 불안해서 아무것도 못해요. 결국 그 차가 지나갈 때까지 기다려야 한숨 돌려요."

한 환자와의 상담 중에 나온 이야기다. 그녀는 5년 전 집 앞 골목길을 나서는 순간 갑자기 들이닥친 흰색 차에 교통사고를 당했다. 그 사고로 다리 수술을 두 차례나 받았고 6개월간 병원에 입원해야 했다. 다행히 몸에는 큰 장애가 남지 않았지만, 마음의 상처는 쉽게 지워지지 않았다. 그녀는 흰색 차에 대한 심각한 심리적 '트라우마'를 갖게 되었다.

걱정과 불안은 이러한 심리적 트라우마로도 생길 수 있다. 영화나 드라마에서는 과거의 심리적 트라우마를 갖고 살아가는 주인공들이 불안과 공황에 빠지는 장면이 종종 나온다. 그래서 우리는 사람이 심리적 충격을 받게 되면 그 충격이 기억 또는 잠재의식에 남아서 계속 그 사람을 괴롭힌다고 믿는다. 우리 마음속에 '불행한 사건 → 심리적 트라우마 → 불안, 공포, 공황'이라는 공식이 자리 잡은 것이다.

하지만 사실은 그렇지 않다. 모든 사람이 다 그런 식의 수순으로 불안에 시달리지는 않는다. 가장 큰 심리적 트라우마를 갖게 되는 경우는 '전쟁'과 같은 극단적인 상황이다. 공식대로라면 처절한 전쟁을 경험하고 살아남은 사람들에게는 모두 심리적 트라우마가 존재해야 한다. 그런데 한 심리학자가 꼭 그렇지는 않다는 사실을 밝혀냈다.

폴란드의 심리학자 카지미에시 동브로프스키는 1950년대 제2차 세계대전의 생존자들이 전쟁에서 겪은 충격적인 일들을 어떻게 견뎌내고 있는지를 연구했다. 그 생존자들이 겪은 전쟁은 참으로 잔혹한 것이었다. 전쟁포로가 되어 고문을 당했고, 가족과 동료가 죽는 것을 바로 옆에서 지켜보기도 했다. 그런데 놀랍게도 이러한 경험을 한 사람들 중 상당수가 전쟁 전보다 더 좋은 감정을 갖고 살아가고 있었다. 그들은 전쟁 이전에는 작은 일도 크게 걱정하고, 주어진 것들에 감사할 줄 모르던 사람들이었다. 그들은 전쟁의 고통 이후 책임감이 더 생겼고, 더 나은 사람이 되고 싶어졌고, 감사함으로 더 행복해졌다고 말했다.

만일 과거의 불행이 모두 심리적 트라우마가 되어서 '불안'으로 발전했다면 아마 인류는 현재까지 생존하지 못했을 것이다. 오랜 역사를 거치며 인류는 불행한 사건들을 많이 겪어왔다. 맹수에게 습격을 당했고, 천재지변으로 참사를 당하기도 했다. 그러한 불행한 사건들은 인류에게 '그런 일이 또 생기면 어떡하나?' 하는 걱정을 안겨주었고, 그 '걱정'들이 인류로 하여금 새로운 대책을 세우게 만들었다. 걱정은 '용기'로 바뀌기 시작했고, 새로운 행동을 이끌며 '도전'을 하기 시작했다. 결국 걱정이 인류를 생존하게 만들었다.

걱정도 나이를 먹는다

중학교 1학년 때 나는 방송반으로 활동했다. 당시 담임 선생님이 교내 방송을 담당하고 있었고, 나를 비롯한 방송반 친구들은 선생님께 방송 장비들을 다루는 방법을 배웠다.

하루는 선생님이 교실에 있던 방송용 녹음기를 방송실로 옮기라는 심부름을 시켰다. 그런데 그 녹음기는 크기가 꽤 컸고 손잡이도 없었다. 두 손으로 녹음기의 바닥을 받쳐 들고 일어서면 녹음기가 거의 얼굴의 반을 가릴 정도까지 올라와서 아래가 잘 보이지 않았다. 나는 그런 상태로 녹음기를 들고 방송실로 향했다. 그러다 사고가 났다. 방송실에 거의 다 왔을 무렵 발을 헛딛고 만 것이다. 녹음기는 그대로 바닥으로 떨어졌고 내 눈앞에서 산산이 부서져버렸다.

그 일은 당시 나에게는 아주 커다란 충격이었다. 먼저 죄책감, 자괴감, 곧이어 걱정과 불안이 얼굴을 내밀며 뒤섞였다. 선생님께 사실을 말씀드리러 가는 동안에는 너무 큰 불안이 나를 짓눌렀다. 그리고 그날 집에 와서 부모님께 말씀을 드리려 할 때는 정말 죽어버리고 싶은 심정이었다. 어머니의 얼굴을 보는 순간, 나도 모르게 울음을 터뜨렸다. 자책과 불안으로 울음을 멈출 수가 없었다. 어머니는 적절히 보상할 테니 염려하지 말라고 나를 위로해주셨지만, 내 마음은 쉽게 추슬러지지 않았다. 그 후로도 며칠 밤낮을 괴로워하면서 잠도 잘 자지 못했다.

지금 그때의 '걱정'을 떠올리면 별 것 아니라는 생각에 참으로 우습다. 하지만 당시의 내게 그 일은 세상이 무너질 듯 커다란 사건이었고 걱정거리였다. 그리고 나중에서야 알게 됐다. 걱정도 세월따라 변한다는 사실을. 걱정도 나이를 먹고, 걱정도 점점 늙어간다.

나이에 비해서 감당하기 어려운 걱정들이 있다. 그것은 적당한 걱정이 아니다. 적당한 걱정은 '도전반응'을 일으키고 우리를 성장하게 만든다. 만일 감당하기 어려운 걱정으로 불안에 휩싸여 자신이 '도피반응'을 보이려 할 때는 꼭 이 말을 떠올려보기 바란다. "걱정도 나이를 먹는다!" 즉 시간이 지나 내가 나이를 먹고, 걱정도 나이를 먹다 보면 어느 순간 그것은 내가 감당할 수 있는 걱정이 된다는 말이다. 세월이 흐르면서 많은 걱정들이 감당할 수 있는 것들로 변한다는 것을 생각하는 것만으로도 마음이 한결 편해질 것이다.

나이가 들어 인생의 끝자락에서 죽음에 직면한 사람들에게도 큰 걱정이 있을까? 물론 후회는 있을 수 있다. 그러나 미래에 대한 걱정은 아마 거의 사라졌을 것이다.

죽는 연습을 미리 해보는 '입관체험'이라는 것이 있다. 먼저 자신이 죽음을 맞는다고 생각하고 유언장을 쓴다. 그리고 수의로 갈아입고 천천히 관 속에 들어가 눕는다. 관의 뚜껑이 닫히면 온통 어둠이다. 관에 못을 박는 소리가 들린다. 이제 죽음의 길로 들어간다. 입관체험은 실제로 죽는 것도 아닌데, 체험을 하는 그 순간 모든 걱정과 근심을 내려놓게 만든다. 그래서 입관체험을 한 사람들은 하나같이 더 열심히 살고 싶은 생각이 든다고 말한다. 바로 '도전반응'이다.

아주 먼 미래에 대한 체험과 상상은 우리의 걱정을 작아 보이게 만드는 힘이 있다. 그래서 실제 심리치료에서도 이러한 시간의 흐름을 상상하게 만들어서 부정적 감정을 치유하기도 한다. 그러니 이제 시간이 지날수록 내게 걱정을 감당할 수 있는 힘이 생긴다는 자신감을 갖자.

또한 걱정은 우리를 '긴장'시킨다. 긴장에는 두 가지가 있다. '불안에 떠는 긴장'은 우리의 시야를 좁게 만들고 두뇌 회전을 느리게 해서 모든 것을 멈춰버린다. 이러한 상태가 오래 지속되면 신체 자율신경의 불균형이 일어나 여러 가지 질병으로 연결된다. 결국은 삶의 성장이 멈춘다.

'기분 좋은 긴장'은 다르다. 이러한 긴장은 설렘과 기대감이 함께 나타나 우리에게 용기를 준다. 비록 긴장은 되지만 이를 극복하고 열심히 해서 원하던 결과를 얻고 나면 큰 보람을 느낄 것 같은 기분이 드는 것이다. 그래서 '용기'를 내고 '도전'을 하게 된다. 기분 좋은 긴장 상태에서는 뇌의 회전이 빨라지고 시야가 넓어지며 창의성이 증가한다.

이처럼 기분 좋은 긴장은 우리를 발전시키고 성장시킨다.

더 이상 "걱정하지 말라."는 말은 하고 싶지 않다. 대신 "적당히 걱정하고 준비하자."고 말하고 싶다. 여러 번 말했듯이 걱정 없는 삶은 불가능하기에 걱정하면서 살아가는 것은 당연한 일이다. 그 누구도 예외는 없다. 문제는 걱정에 대한 반응이다. 나쁜 쪽으로 반응하면 걱정은 불안이 되고 공황장애를 유발한다. 또 중독을 일으키고 스스로를 고립시킨다. 반면에 좋은 방향으로 반응하면 용기가 생기고 도전을 시작하게 된다. 우리의 삶을 더 발전시키고 성장시킨다. 마냥 걱정에 휩싸여 세상을 멀리 하고 있다면, 조금만 용기를 내보자. 그러면 그것을 극복할 힘도 생길 것이다.

나쁜 감정은 여러 얼굴로 나타난다

아담 데이비슨Adam Davidson 감독의 〈런치 데이트〉The Lunch Date 라는 단편영화 이야기를 해볼까 한다.

어떤 백인 귀부인이 기차를 타기 위해서 기차역으로 뛰어가다가 흑인 남성과 부딪히면서 쇼핑백을 떨어뜨린다. 그 순간 쇼핑백 안에 있던 물건들이 바닥에 쏟아진다. 당황한 귀부인은 그것을 주워 담느라 정신이 없다. 그 바람에 기차까지 놓친다. 정말로 운이 안 좋은 날이다. 다음 기차가 도착하려면 아직 시간이 많이 남아 있어서 그녀는 어쩔 수 없이 근처 레스토랑에 들어가 샐러드를 시킨다. 샐러드는 나왔는데 점원이 포크를 가져다주지 않는다. 그녀가 직접 포크를 가지고 자리로 돌아와 보니, 어느 허름한 흑인 남자가 그녀의 샐러드를 먹고 있다. 백인 귀부인은 순간 당황하지만 이내 맞은편에 앉아 흑인 남자를 물끄러미 쳐다본다. 그러다 함께 샐러드를 먹기 시작한다.

샐러드를 먹으면서 그녀는 어떤 생각을 했을까? 오늘은 정말 되는 일이 하나도 없는, 지지리도 운이 나쁜 날이다. 아마도 이런 생각이 들었을 것 같다. 잠시 후 흑인 남성이 커피 두 잔을 시켜서 한 잔을 귀부인에게 건넨다. 이렇게 귀부인은 커피를 얻어 마시고 기차 시간이 되어 레스토랑을 나온다.

그런데 그때 '아차!' 깜박하고 쇼핑백을 레스토랑에 놓고 나왔다는 것을 알았다. 그녀는 다시 레스토랑으로 황급히 들어가 살펴보지만, 자리엔 흑인 남자도, 쇼핑백도 없다. 귀부인은 '오늘 도대체 왜 이리 재수가 없을까?' 싶어 짜증과 분노가 머리끝까지 치밀어 오른다.

우리는 일상에서 종종 황당하고 짜증나는 상황을 경험한다. 영화의 귀부인처럼 말이다. 그러다 때로는 너무 화가 나서 버럭 소리를 지르며 분노를 표출하기도 한다. 사실 화나는 감정을 다스리기는 매우 어렵다. 순간적으로 욱하는 감정이 들 때, 그것을 다독여 평정심을 유지한다는 것은 아주 어려운 일이다.

물론 매우 드물지만 이런 감정을 잘 다스리는 사람들이 있다. 일종의 '타고난 순둥이'들이다. '타고난 순둥이'들을 옆에서 보고 있으면 정말 신기할 정도다. 어떻게 그런 상황에서 화도 안 내고 그냥 입만 몇 번 삐죽거리고는 잊어버릴 수 있을까? 나처럼 '까칠한 다혈질'들은 상상도 못할 일이다. 그렇다면 '타고난 순둥이'와 '까칠한 다혈질'은 무엇이 다른 걸까?

타고난 순둥이들의 비밀

짜증이 많은 사람들은 그 짜증이 쌓이고 쌓여 분노로 폭발한다. 그리고 곧이어 죄책감에 빠져든다. 짜증이 분노로 그리고 분노의 폭발 후 다시 죄책감으로 빠져드는 악순환을 겪는다. 이러한 부정적 감정의 악순환은 우리의 삶을 어렵게 만든다.

반면에 짜증이 나고 분노가 쌓여도 그 감정을 폭발시키지 않고 억누르며 살아가는 사람들도 있다. 그들은 결국 병이 생긴다. 흔히 말하는 '화병'이다. 화병은 마음속의 '화'와 '분노'를 삭이지 못해 머리와 가슴이 아프기도 하고 불면증에 시달리기도 하는 정신적 질환이다. 1995년 미국 정신의학회에 '화병'hwa-byung이라는 병명으로 등재됐는데, 한국인에게만 나타나는 특이한 현상으로 정신질환의 일종이라고 설명되어 있다. 이와 같이 짜증과 분노를 억압하면 병이 생기고, 이러한 악순환은 우울감, 불면, 식욕저하, 폭식, 소화장애 등의 증상을 불러온다.

짜증이 분노로 변하는 순간 그 끝은 죄책감과 우울 또는 병으로 귀결된다. 그렇다면 왜 우리는 자꾸 짜증이 나는 걸까? 그리고 어떻게 하면 짜증이 분노로 변하지 않도록 다독거릴 수 있을까?

사실 짜증을 잘 내는 '까칠한 다혈질'과 어떤 상황이든 편하게 받아들이는 '타고난 순둥이'는 일단 타고난 성격이 다르다. 타고난 순둥이가 훨씬 더 긍정적이고 낙관적이다. 게다가 화가 나는 상황에서 타고난 순둥이들의 머릿속에서만 작동하는 시스템이 있다. 바로 '긍정적 가정'이다. 타고난 순둥이들에게 왜 화를 내지 않느냐고 물어보면 이런 대답이 돌아온다. "그 사람도 그럴 만한 이유가 있었겠지."

까칠한 다혈질들은 쉽게 화를 낸다. 무례한 사람을 만나면 '저 사람이 왜 저러지?'라는 생각이 들면서 확 짜증이 올라온다. 반면 타고난 순둥이들은 같은 상황에서도 다르게 생각한다. '저 사람에게 무슨 일이 있었나?', '저렇게 할 수밖에 없는 이유가 있을 거야.' 먼저 상대를 이해하려는 생각이, 짜증이 올라올 기회를 막는 것이다.

화는 내는 게 아니고 표현하는 것이다

이제 다시 영화 〈런치 데이트〉 이야기로 돌아가 보자.

화가 난 귀부인은 한숨을 쉬면서 레스토랑을 나서려다가 다시 한 번 자신이 앉았던 자리를 둘러본다. 그 순간 정말 놀라운 사실을 발견한다. 흑인 남자와 앉아서 샐러드를 먹었던 자리, 바로 그 옆자리에 샐러드 한 접시와 쇼핑백이 그대로 놓여 있는 것이 아닌가. 사실은 그녀가 포크를 가지러 갔다가 자리를 착각해 자기 자리가 아닌 흑인 남자의 자리에 앉았고, 그의 샐러드를 뺏어먹은 것이다. 게다가 그녀는 커피도 한 잔 얻어마셨다.

'그는 내가 앞에 앉았을 때, 얼마나 당황했을까. 그런데 아무 말도 하지 않고 나에게 샐러드를 나눠주고 커피까지 대접하다니….'

이제 그녀의 화는 미안함과 고마움으로 바뀌었다. 상황은 바뀐 것이 없는데 오해가 풀리면서 화도 사라진 것이다. 어쩌면 우리도 대부분의 경우 영화 속 귀부인처럼 누군가를 오해해서 혹은 상황을 제대로 알지 못해서 화를 내고 있는지도 모른다. 그러니 욱하는 감정부터 표출하기 전에, 타고난 순둥이들처럼 상대의 사정을 이해하려는 작은 노력을 기울인다면 화를 많이 줄일 수 있다.

그렇다고 무조건 모든 화를 다 참으라는 말은 아니다. 억지로 참으면 병이 된다. 화는 참는 것이 아니라 저절로 풀리도록 하는 것이 가장 좋다. 건강에 이로울 뿐 아니라 대인관계도 좋아진다. '타고난 순둥이'들의 머릿속에서 작동하는 '긍정적 가정'은 상대가 그렇게 행동할 수밖에 없었던 상황을 가정한다. 물론 그 가정은 맞을 수도 있고 틀릴 수도 있지만, 맞고 틀리고는 큰 의미가 없다. 중요한 것은 '긍정적 가정'을 통해서 나의 화가 풀리고, 나아가 상대를 이해하고 용서하게 된다는 사실이다. 상황은 그대로지만 내 안의 화를 사라지게 만드는 방법이 바로 '긍정적 가정'이다.

'긍정적 가정'은 연습하면 누구나 해낼 수 있는데, 필수조건이 하나 있다. 이 조건이 갖추어지지 않는다면 아무리 연습을 해도 '긍정적 가정'이 그 힘을 발휘하지 못한다. 그 필수조건은 앞에서 설명한 '메타인지'다. 스스로 자신의 감정을 살필 수 있어야 한다는 것이다. 즉 자신의 화와 분노를 인지하고 일단 그 속에서 빠져나와야 '긍정적 가정'을 할 수 있는 단계가 된다. 만일 '메타인지'가 되지 않는다면 분노의 감정 속에서 헤어 나오지 못하고 당연히 '긍정적 가정'도 불가능하다. 인간만이 갖고 있는 '메타인지'는 감정조절을 위한 첫 번째 단계에서 꼭 필요한 능력이다.

잠재의식과 술래잡기, 숨어 있는 상처를 찾아라

때로는 스스로 감정을 알아차릴 새도 없이 찰나의 순간에 '분노'가 폭발해 되돌릴 수 없는 상황을 만들고 마는 경우도 있다. 한참 심신의학을 공부하던 시절에 알게 된 J는 50대 중반의 남성이었다. 이미 사회적으로 성공한 사람이었고, 인품도 어질고 훌륭해서 많은 사람들의 존경을 받았다. 그래서 J의 고백이 놀라울 수밖에 없었다.

언젠가 한번은 갑자기 분노가 폭발했는데 감정을 조절하지 못해서 눈 깜짝할 사이에 집에 있는 살림살이를 닥치는 대로 집어던지고 부숴버렸다고 했다. 그때 그의 모습은 평소와는 전혀 다른 모습이었을 것이다. 그는 순식간에 분노에 빠져들어서 자신의 행동을 조절할 수 없었다. 그의 아내 못지않게 그 역시 자신의 모습에 너무나 놀랐다고 했다. 자신이 그처럼 폭력적으로 행동한 이유가 무엇인지 알고 싶었던 그는 곧 심리 상담을 받았다.

J가 심리 상담을 통해 찾아낸 분노 폭발의 원인은 어린 시절에 있었다. 매우 엄격했던 그의 아버지는 그가 하는 행동이 못마땅할 때마다 이렇게 말했다.

"너는 도대체 할 줄 아는 게 하나도 없구나. 쯔쯧, 못난 놈!"

그럴 때마다 그는 수치심에 사로잡혔고 그 수치심은 마음속 깊이 상처로 남았다. 나이가 들어 성인이 된 후에도 잠재의식 속에 스며들어 도사리고 있던 그 상처는 여전히 어린 시절의 상처 그대로였다. 문제의 그날, 그는 집안일을 도와주고 있었다. 일하는 모습이 답답해 보였는지 아내가 그에게 무심코 한마디를 던졌다.

"당신은 할 줄 하는 게 하나도 없네요."

그 한마디가 깊이 가라앉아 있던 그의 상처를 건드렸고, 걷잡을 수 없이 폭발해버렸다.

사람은 누구나 잠재의식을 갖고 있는데, 우리는 심리적 충격을 잠재의식에 저장한다. 그 이유는 비슷한 상황을 만났을 때 스스로를 보호하기 위해서다. 그래서 잠재의식에 저장된 감정은 비슷한 상황을 만나면 그대로 튀어나온다. "자라 보고 놀란 가슴, 솥뚜껑 보고 놀란다!"라는 속담은 잠재의식의 역할을 아주 잘 표현해준다. '자라'

를 보고 놀라면 잠재의식 속에 그 감정이 저장되어 있다가 비슷한 '솥뚜껑'을 보는 순간에 스스로를 놀라게 한다. 그렇게 경고함으로써 자신을 보호하는 것이다. 심리적 트라우마도 자신을 보호하기 위해 잠재의식이 일하는 한 가지 방법이다.

그런데 현실에서는 잠재의식이 주인에게 도움이 되지 못하는 경우가 많다. J의 경우도 잠재의식에 쌓인 분노가 폭발을 일으켜 심각한 폭력을 불러왔다. 그 순간 그의 이성은 사라지고 없었다. 이런 현상은 우리의 뇌 구조와도 관련이 있다.

뇌 과학자마다 뇌를 구분하는 방법은 조금씩 다르지만, 보통은 크게 세 부분으로 구분하여 설명한다. 미국소비자연구위원회에서 미국 최고의 정신과 의사로 선정한 마크 고울스톤Mark Goulston 박사는 첫 번째 뇌는 '파충류의 뇌', 두 번째 뇌는 '포유류의 뇌' 그리고 세 번째 뇌는 '인간의 뇌'라고 설명했다.

파충류의 뇌는 가장 안쪽에 위치하는데, 한마디로 말해 동물적 본능을 담당하는 뇌다. 급한 위기 상황에 처했을 때 보이는 즉각적인 반응을 담당한다. 포유류의 뇌는 중간층에 위치하며 감정을 주관한다. 개나 고양이와 같은 포유류는 모두 감정을 갖고 있다. 우리가 느끼는 사랑과 기쁨 같은 좋은 감정은 물론 분노, 슬픔 같은 나쁜 감정도 여기서 담당한다.

마지막으로 인간의 뇌는 가장 바깥쪽에 위치한다. 여기서는 상황을 논리적이고 합리적으로 분석하고 결정을 내리고 계획을 세운다.

또 자기 자신을 인식하는 메타인지도 여기서 이뤄진다. 이 세 번째 뇌를 더 많이 사용하는 사람이 감정조절도 더 잘할 수 있다. 그런데 인간의 뇌가 작동을 멈추는 순간이 있다. J의 아내가 남편에게 말했던 그 순간처럼, 잠재의식을 여는 열쇠가 돌아가는 바로 그 순간이다. 그렇게 되면 '파충류의 뇌'와 '포유류의 뇌'만 작동하기 때문에 이성을 잃고 본능과 감정에 의해서 행동하게 된다.

J는 그 후 어떻게 됐을까? 아주 잘 치유됐다. 잠재의식에 숨어 있던 감정을 스스로 인지하게 된 것이 치유의 시작이었다. 그 감정을 보듬어주고 위로해주자 그는 빠르게 치유의 길로 들어설 수 있었다.

잠재의식에 돌을 던져 파문 일으키기

"우리의 마음은 잔잔한 호수와 같다!"

평안한 마음을 표현할 때 이런 말을 자주 쓴다. 호수는 고여 있는 물이라, 물의 흐름이 없다. 잔잔한 호수는 정말 평온해 보인다. 그런데 그 호수에 돌을 던지면 이내 물결이 만들어진다. 우리의 감정도 그와 비슷하다. 평소에는 평안한 마음을 유지할 수 있지만, 누군가 돌을 던지면 감정에 물결이 만들어진다.

흙이 담긴 그릇에 물을 붓고 가만히 두면 흙이 가라앉으면서 물은 점점 맑아진다. 그러나 손가락으로 그릇의 물을 휘저으면 순식간에 흙탕물이 된다. 그 흙탕물을 가라앉히려고 계속 손가락으로 젓는 것은 어리석은 일이다. 흙을 가라앉힐 수 있는 최선의 방법은 손가락을 빼고 물을 그냥 놓아두는 것이다. 그러면 서서히 흙이 가라앉고, 물이 다시 맑아진다.

마음과 감정이 흔들리고 화가 올라오면 억누르려 하지 말고, 그냥 자신의 화를 들여다보라고 말하는 사람들이 있다. 그들은 그것만으로도 평안한 마음을 얻을 수 있고, 때로는 용서할 수 있는 마음의 여유까지 생긴다고 말한다. 자신의 마음을 들여다보는 시간은 매우 중요하다. 그 시간은 바로 자신의 감정을 깨닫는 '메타인지'의 시간이기도 하다. 이런 시간을 매일 조금씩이라도 갖는 것은 감정을 정리하고 평안을 찾는 데 매우 도움이 된다.

그릇의 바닥에 쌓여 있는 흙이 너무 많은 경우는 어떨까? 그럴 때는 가만히 바라보고 있는 것만으로는 부족하다. 비록 흙탕물이 일어나는 번거로운 일이 있더라도 바닥에 고여 있는 흙을 건져내서 버리는 것이 더 좋다. 완전히 다 건져낼 수는 없어도 흙의 양을 줄일 수 있다면 시간이 지나면서 물이 더 깨끗해질 것이기 때문이다. 심리 상담을 통해 잠재의식을 치유하는 것이 바로 이런 과정이다.

잠재의식을 치유하는 일은 우선 잠재의식에 가라앉아 있는 상처를 하나씩 알아가는 것에서 시작된다. 그 감정들을 살피고 이름을 붙여 스스로 잠재의식과 대화를 시도하는 것이다. 그리고 자신의 잠재의식에게 이렇게 속삭인다.

"그동안 나를 위해서 이런 감정들을 품고 있었구나. 그것들을 붙잡고 있느라고 얼마나 힘들었니? 얼마나 무섭고 불안했니? 얼마나 억울하고 화가 났니? 정말 슬프고 힘들었지? 그동안 나를 위해서 힘겨운 감정들을 간직해줘서 정말 고맙고, 또 정말 사랑한다. 그런데 이제는 더 이상 그것들을 붙잡고 있을 필요가 없을 것 같아. 이제 그만 놓아주자. 다 놓아주고 이제 편안해지자. 정말 고맙고 사랑한다."

이런 방법으로 우리의 잠재의식은 치유될 수 있다. 자기최면의 효과를 갖고 있는 이 방법은 실제로 강력한 심리치유기법으로 사용된다. 이제 자신의 잠재의식을 살피는 시간을 가져보자. 처음에는 과거의 상처를 다시 마주해야 하는 고통이 따르겠지만, 꾸준히 실천하면 잠재의식은 점차 자유로워진다. 그리고 서서히 마음의 평안이 찾아올 것이다.

화를 내기로 결심하는 것은 자신이다

'화'는 어디에서 오는 것일까? 바로 '관계'에서 온다. 화에는 늘 대상이 존재하기 때문에 관계가 없다면 화도 없다. 화가 나게 하는 그 무엇은 주로 사람이다. 때로는 그 사람이 자신일 수도 있다. 자신에게 화가 나면 스스로를 책망하고 우울감으로 빠져든다.

이른 새벽에 일어나서 매일 평안하게 명상하는 것을 좋아하는 수도승이 있었다. 그는 호수에 작은 배를 띄우고 그 배에서 홀로 명상과 기도를 하면서 마음을 가다듬었다. 그날도 여느 때와 같이 새벽에 배를 타고 호수 가운데로 갔다. 그곳에서 그는 아주 평안한 마음으로 명상에 빠져들었다. 정말 평온했다. 시간이 얼마나 지났을까? 갑자기 뒤에서 다른 배가 다가와 부딪혔고, 그 충격으로 그는 몸이 휘청거리면서 물에 빠질 뻔했다. 그 순간 그의 평안한 마음은 사라지고 마음이 화로 가득 찼다. 누군가 배를 잘못 저어와 자신의 배에 부딪혔다고 생각한 수도승은 화가 잔뜩 난 표정으로 뒤를 돌아보았다. 그런데 이게 어찌된 일인가?

그 배에는 아무도 타고 있지 않았다. 빈 배가 바람결에 떠밀려와서 부딪힌 것이었다. 그 순간 그 수도승은 화를 낼 대상을 잃어버렸다. 그리고 잠깐의 시간이 흐르자 화가 났던 자신이 부끄러웠다. 이처럼 '화'는 한순간에 나타나기도 하고 사라지기도 한다.

'화를 내기'로 결심하는 것은 자신이다. 화를 내서 문제가 해결되고 더 좋은 방향으로 발전한다면 화를 내야 한다. 그러나 대부분의 화는 관계를 더 악화시키고 문제를 해결하기 어렵게 만든다. 그래서 화를 낼 건지 말 건지는 스스로 선택해야 한다. 이런 선택이 가능하려면 반드시 필요한 것이 있다. 바로 메타인지, 즉 스스로 화가 났다는 사실을 인지하는 것이다. 앞서 얘기했듯이 스스로 자신의 감정을 알아차리는 메타인지는 감정조절에 있어서 가장 중요한 첫 번째 발걸음이다. 메타인지를 잘하기 위한 방법은 제4장에서 자세히 살펴볼 것이다.

사람마다 화나는 포인트가 다르다

나는 짜증이 많고, 쉽게 화를 내는 사람이었다. 그런데 심신의학을 공부하고 마음과 감정의 작용을 알아가면서 화내는 일이 많이 줄어들었다. 물론 아직도 화가 치밀어 오를 때가 있기는 하지만, 그럴 때마다 '왜 이렇게 화가 날까?' 하고 스스로에게 질문을 던지고 생각해본다. 그러면서 나에게 '화나는 포인트'가 있다는 사실을 알게 됐다.

내가 화나는 포인트는 주로 술에 취한 사람이 주사를 부리거나, 술을 더 먹으라고 강요하는 경우이다. 이상하게도 그런 상황을 만나면 자꾸 '분노'가 치밀어 오른다. 그래서 나 자신에게 물어보았다.

'나는 왜 이런 사람들을 보면 화가 치밀까?'

이 질문의 답을 찾기 위해 과거의 기억을 더듬었다. 대학 시절 유난히 술이 약했던 나는 거듭되는 술자리가 많이 부담스러웠다. 술을 못 먹어도 억지로 먹어야 하는 분위기였고, 술에 취해서 주사를 부리는 선배들을 그냥 받아줄 수밖에 없었다. 그때는 그냥 이해하고 넘어갔다고 생각했는데, 실제로는 그렇지 않았던 것이다. 내 마음속의 작은 '분노'들이 잠재의식에 쌓이고 쌓였다. 그러다 언제부터인가 술을 강요하거나 술에 취해서 주사를 부리는 사람을 보면 '분노'가 치밀어 오르기 시작한 것이다.

누구든지 자신만의 '화나는 포인트'를 갖고 있다. 친구 중에 잠을 깨울 때마다 이상할 정도로 버럭 화를 내는 친구가 있었다. 평소에는 아주 온순한 친구였지만, 잠자고 있는 그 친구를 깨울 때는 마음의 각오를 해야 했다. 또 동료 의사 중 한 명은 머리에 손을 대는 것을 극도로 싫어했다. 누군가 실수로라도 그의 머리를 건드리면 불같이 화를 내서 꽤 당황하곤 했다. 지금 생각해보면 모두 그럴 만한 이유가 있었을 것이란 생각이 든다. 사람마다 살아오는 과정에서 자신도 모르게 마음속 깊이 '분노를 불러일으키는 방아쇠'를 만들어두었을 테니 말이다.

문제는 그 방아쇠를 남들은 모른다는 점이다. 어떤 상황에서 화가 올라오는지는 자신만 알고 있기 때문에 누군가 우연히 그 방아쇠를 당기면 그는 예기치 못한 분노의 피해자가 될 수밖에 없다. 이런 불상사를 막으려면 어떻게 해야 할까?

자신의 '방아쇠'를 미리 알려주는 것이 도움이 될 수 있다. 사람들에게 나는 이상하게 이런 상황이 되면 화가 많이 난다고 미리 말하는 것이다. 이는 인간관계에서 오해를 줄이고 화를 예방할 수 있는 아주 좋은 방법이다. 친구나 연인뿐 아니라 직장 동료나 가족들에게도 이야기하는 것이 좋다.

그뿐 아니라 스스로 자신의 화나는 포인트를 알고 있는 것만으로도 화를 예방하는 데 큰 도움이 된다. 그러한 상황을 미리 피할 수 있기 때문이다. 굳이 '화'와 맞장 뜨며 상처를 주고 상처 입으며 살아갈 이유가 없다. 이처럼 피해서 살아갈 수 있는 현명한 방법들이 있으니 얼마나 다행인가.

야무지고 영리하게 화내는 법

화를 무조건 참고 살아가는 것은 바람직한 일도, 가능한 일도 아니다. 사람은 적당히 화를 내며 살아가야 한다. 그런데 성격 유형에 따라 화를 내는 방법도 각기 다르다. 먼저 성격 유형은 A, B, C형으로 구분하는데 간단하게 살펴보면 다음과 같다. 물론 이것은 성격 유형의 구분으로, 혈액형과는 다르다.

먼저 A형은 강박적인 성격을 갖고 있다. 경쟁에서 지기 싫어하며, 스트레스에 민감하게 반응한다. 이런 성격을 가진 사람들은 주로 다혈질인 경우가 많고, 고혈압, 고지혈증, 동맥경화증이 잘 생긴다.

B형은 낙천적이며 주변에 잘 순응하고 잘 적응할 뿐 아니라 자신의 감정을 잘 표현한다. 건강한 성격의 소유자이며 육체적으로도 A형이나 C형보다 더 건강하다.

반면 C형은 화와 분노를 억압하는 성격을 갖고 있다. 겉으로는 강한 척하고 행복한 척하지만 속으로는 부정적 감정에 휩싸여 있는 경우가 많다. 그래서 '화병'과 유사한 증상이 나타난다. 그들은 마음의 갈등이나 고통스러운 감정을 잘 드러내지 않는데, 이러한 사람들에게 주로 발생하는 질병이 신경성 질환과 암이다. 이는 부정적 감정이 건강에 얼마나 심각한 영향을 미치는지를 극명하게 보여준다. 그러니 건강하게 살기 위해서 적절하게 제대로 화내는 방법은 우리가 살아가면서 꼭 알아야 할 중요한 지혜다.

꽤 많은 사람들이 화가 날 때 이성을 잃고 욕설을 내뱉거나 소리를 지르고 폭력을 행사한다. 이것은 흡사 동물의 '투쟁반응'과 유사하다. 하지만 이처럼 폭력을 행사할 경우 책임의 문제가 뒤따르므로 화를 낼 때에도 이성을 지켜야 한다. 그런데 감정이 격해진 상태에서 이성을 지키는 게 가능할까? 대부분 불가능하다고 생각하겠지만, 충분히 가능한 일이다. 일단 '화를 내는 것'과 '화를 표현하는 것'이 다르다는 것을 인식해야 한다. '이성을 유지하면서 화를 표현하는 것'이 가장 좋은 방법이다.

그렇게 하기 위해서는 파충류의 뇌나 포유류의 뇌가 아닌 '인간의 뇌'를 사용해야 한다. 먼저 '메타인지'로 자신의 감정을 인지하고, 그 감정을 그대로 말로 표현하면 된다. "당신의 그 행동 때문에 나는 지금 매우 화가 나고 있어요."라고.

물론 쉽지 않다. 그러나 화를 이성적으로 표현하는 것이 가장 제대로 화를 내는 방법이다. 이럴 때는 그 감정을 정확하게 표현해주는 것이 좋다. 지금 스스로 느끼는 감정에 이름을 붙여서 표현하는 것이다. 예를 들어 "지금 모멸감을 느끼고 있어요.", "나는 지금 배신감으로 너무 화가 치밀어요."라고 표현할 수 있다.

이성적인 감정의 표현은 분노의 폭발을 막아주는 역할을 하고, 더 악화될 수 있는 상황을 모면하는 지혜가 되기도 하다. 다만 정말로 분노를 조절하기 어려운 상황이라면 일단 그 자리를 피하는 것이 낫다. 이때는 도피반응이 오히려 나을 수도 있다는 말이다. 그 자리를 피한 후 메타인지를 발휘해야 한다. 그러면 서서히 마음의 여유가 생기기 시작하고 마침내 상대를 용서할 수 있는 마음의 힘이 생긴다. 이윽고 평안이 찾아오고, 시간이 지난 후에는 현명하게 화를 표현할 수 있게 된다.

사람은 화를 내지 않고는 살 수 없다. 짜증과 분노는 늘 우리와 함께하는 감정이다. 이 감정들을 적당히 조절하고 살아갈 수 있다면 우리는 건강한 삶을 누릴 수 있다. 분노의 잘못된 폭발은 관계를 악화시키고 상황을 돌이킬 수 없게 만들어버릴 수 있다. 그래서 '투쟁반응'이 일어나지 않도록 스스로를 잘 다독여야 한다.

만일 '화와 분노'가 '용서'로 바뀔 수 있다면, 그 순간 우리 마음에는 평안함이 찾아올 것이다. 사실 용서는 말처럼 쉬운 일이 아니다. 용서의 사전적 정의는 '지은 죄나 잘못을 벌하거나 꾸짖지 않고 덮어주는 것'이라고 단순하게 표현되어 있지만, 사전적 의미가 다 담을 수 없는 깊은 의미를 가진 행위다. '용서는 사람이 할 수 있는 가장 위대한 일'이라는 말이 있을 정도로 어려운 일이다.

우리는 말로는 쉽게 용서했다고 하지만, 실제로 그 일과 관련해서 여전히 화가 난다면 진정한 용서가 아니다. 그럼에도 불구하고 용서를 하려고 노력하는 삶은 결국 자신을 위하는 삶이다. 마음에 분노심이나 원한을 갖고 있어봤자 정작 괴로운 것은 본인이기 때문이다.

부처는 이렇게 말했다. "원한을 품는 것은 그 사람에게 던지려고 뜨거운 불덩이를 손에 쥐고 있는 것과 같다. 결국 상처를 입는 것은 자기 자신일 뿐이다."

용서는 상대를 위해서가 아닌 나 자신을 위해서 하는 노력이다. 그리고 용서와 평안함은 우리의 삶을 더 행복하게 만들어준다.

마음의 감기, 우울증을 위한 특별 처방전

 몇 년 전 고등학교 후배가 오랜만에 전화를 했다. 그는 최근 들어서 이유 없이 기분이 가라앉고 모든 일에 의욕도 떨어졌다고 했다. 걱정이 된 아내가 빨리 병원에 가서 검사라도 받아보라고 재촉하는데, 어느 병원 무슨 과를 가야 할지 모르겠다는 게 그의 얘기였다. 나는 일단 종합검진을 권했다. 검진을 받아본 지 1년 반 정도 됐다니 그것이 가장 좋을 것 같았다. 그리고 약 보름이 흘렀다.

 우리는 얼굴을 마주 대하고 앉았다. 그는 종합검진 결과지를 마치 숙제검사라도 받듯이 내밀었다. 결과지를 빠른 속도로 살펴보았으나 큰 이상은 없었다. 약간의 지방간과 중성지방 수치가 조금 높은 것

외에는 모두 정상이었다. 그런데 그는 검사 결과로 설명이 안 되는 무기력증을 갖고 있었다. 그 순간 나는 직감했다. 그리고 몇 가지 질문을 했다.

먼저 평소에 재미있어하던 일들에 대해서 흥미가 얼마나 줄어들었는지를 물어보았다. 잠자는 시간이 확연히 줄어들거나 오히려 많이 늘어나지는 않았는지, 집중력과 사고력이 저하되지는 않았는지, 식욕이 감소하지는 않았는지 등의 질문들을 던졌다.

그는 대략 2개월 전부터 기력이 떨어진 것 같다고 했다. 친구들을 만나거나 모임에 참석하는 것이 싫어졌고, 회사에서 받는 스트레스도 많아졌다고 했다. 또 미래에 대한 불안감을 많이 느낀다면서, 지금까지 열심히 살아왔는데 이룬 것이 하나도 없는 것처럼 느껴진다고도 했다. 과거에 좋아했던 운동도 하기 싫어지고, 좋아하던 드라마도 별로 재미가 없고, 모든 것이 귀찮다고 말했다. 나의 직감이 맞았다. 그는 우울증이었다.

마음의 감기 우울증, 얕보다 큰코 다친다

만성피로 클리닉을 찾아오는 환자들 중에는 우울증의 초기 단계인 이들이 꽤 있다. 우울증이 시작될 때 자신이 우울한 것이지 잘 모르는 경우가 많다. 앞의 후배처럼 대개 우울감보다는 무기력이나 의욕저하를 먼저 느끼기 때문이다. 과거에 흥미가 있었던 일들이 재미가 없어지거나 모든 것에 의욕이 떨어지고 무기력해진다면 반드시 우울증을 의심해야 한다.

우울한 감정은 다른 나쁜 감정들과 함께 나타나는 경우가 많다. 또는 여러 나쁜 감정들의 결과로 우울한 감정이 밀려들 수도 있다. 완벽주의 성격을 가진 사람들은 늘 불안하기 때문에 그 불안감이 우울감을 불러온다. 또 강박적 성격의 사람들도 마찬가지다. 그들의 심한 불안이 우울감의 도화선이 된다. 화를 잘 내는 사람들의 마음속에도 우울감이 도사리고 있다. 화를 낸 이후에 찾아오는 후회와 죄책감 때문이다.

우울감이 여러 가지 신체적·심리적 증상들과 함께 6개월 이상 지속되면 우울증을 진단받게 된다. 우울증은 매우 흔한 질병이다. 그래서 흔히들 우울증을 '마음의 감기'라고 이야기한다. 우리가 살아가면서 우울증에 걸릴 확률은 남성이 5~12퍼센트, 여성이 10~25퍼센트로 여성이 두 배 정도 더 많다. 평균적으로 여섯 명 중 한 명꼴이다.

우울증은 흔한 질환이지만, 그렇다고 가볍게 넘겨서는 절대로 안 되는 정신질환이다. 왜냐하면 우울증이 '자살'의 가장 큰 원인이기 때문이다. 가볍고 흔한 질병인 감기도 폐렴 등의 합병증이 생기면 목숨을 잃을 정도로 위험해지는 것과 같은 이치다. 마음의 감기인 우울증도 목숨을 앗아가는 무서운 합병증으로 발전할 수 있음을 기억해야 한다.

다행히도 우울증은 정신건강의학과 전문의에게 정확하게 진단받고 꾸준히 치료받으면 잘 치유될 수 있는 질병이다. 그래서 평소에 스스로의 감정 상태를 미리 점검하는 것은 매우 중요하다.

아래 체크 리스트는 순천향대 부천병원 정신건강의학과 정한용 교수 인터뷰 내용 중에서 발췌한 것이다. 만일 아래 보기 중 다섯 가지 이상의 증상이 2주 넘게 지속되면 우울증을 의심해야 한다.

□ 거의 하루 종일 우울한 기분이 든다.

□ 거의 모든 활동에서 흥미나 쾌감이 현저히 떨어진다.

□ 체중이나 식욕이 많이 줄었거나 늘어났다.

□ 잠을 잘 자지 못하거나 잠을 너무 많이 잔다.

□ 안절부절못하거나 기력이 떨어진다.

□ 피로하거나 에너지가 상실되는 느낌이 든다.

□ 스스로가 쓸모없다는 생각과 과도한 죄책감이 든다.

□ 사고력과 집중력이 저하되고 우유부단하게 행동한다.

□ 자살 생각 또는 시도를 하거나 구체적인 계획을 세운다.

슬픔에는 인내심이 독이다

사람은 가까운 사람의 '죽음'에서 가장 큰 슬픔을 느낀다. 소중한 사람을 잃게 되는 상황에서의 슬픔은 매우 크고 오래 지속된다. 슬픈 감정은 인간이 갖는 자연스러운 심리적·정서적 반응으로, 대부분

상실에 기인한다.

어떤 사람들은 슬픔이라는 감정을 표현하는 것이 익숙하지 않으며, 때로는 슬픔 자체를 부정하기도 한다. 그러다 보면 슬픈 감정이 해소되지 못해 심각한 우울증으로 발전할 수 있다. 슬플 때는 울어서 감정을 표현하고 해소시켜야 한다. 슬플 때 터져 나오는 울음은 압력밥솥에서 압력을 빼는 것과도 같다. 마음속에 가득 찬 슬픔이라는 감정을 해소시켜주는 것이 바로 눈물이다. 인간은 그래야 다시 힘을 내어 살아갈 수 있다.

슬픈 감정을 부정하고 그것에서 벗어나려고 애쓰는 것보다, 그 감정을 인정하고 받아들이는 것이 심리적 건강에 도움이 된다는 연구 결과도 있다. 그러니 이제 슬픔을 부정하거나 억누르지 말고 있는 그대로 인정하자. 언제든지 울고 싶으면 실컷 울어보자.

슬픔은 일시적인 현상으로 우울증과 구분되어야 하는 감정이다. 대부분의 슬픔은 보통 2~6개월 정도가 지나면 저절로 줄어들기 시작한다. 상실을 인정하고 현실을 받아들이는 단계로 접어드는 데까지 필요한 시간이 그 정도이기 때문이다.

그런데 6개월이 지나도 슬픔에 빠져 일상생활을 영위하지 못할 정도라면 이야기가 달라진다. 그때부터는 현실 적응에 문제가 있는 것으로 봐야 한다. 정상적인 슬픔에 대한 반응은 대부분 6개월 이내에 정리가 되기 때문이다. 슬픈 감정이 6개월 이상 지속된다면 우울증으로 발전할 가능성이 높으므로 치료가 필요하다.

우리가 흔히 느끼는 외로움은 어떨까? 외로움도 우울과 비슷한 감정이다. 사실 외로움은 다른 사람들과 단절되어 홀로 있을 때 느끼는 감정이다. 현대인은 많은 사람과 관계를 맺고 살아가지만, 실제로는 풍요 속의 빈곤이다. SNS는 사람들 사이의 소통을 편리하게 만들어준 반면 더 많은 소외감과 외로움을 느끼게 한다. 참으로 역설적인 현상이다.

미국 피츠버그 의과대학의 연구에 따르면 SNS 사용자 약 1,800명을 대상으로 조사한 결과 SNS를 하루 2시간 이상 사용하는 사람이 하루 30분 이하로 사용하는 사람들보다 외로움을 더 많이 느꼈다고 한다. 그 이유는 여러 가지가 있겠지만, 다른 친구들의 행복한 모습에서 상대적인 박탈감을 느꼈기 때문일 것이다.

현대인들은 편리해진 소통수단에도 불구하고 예전보다 더 많은 외로움을 느낀다. 그 이유는 많은 사람들과 쉽게 연락하고 만날 수 있지만 피상적인 만남과 소통일 뿐, 심리적 유대감이 없기 때문이다. 그래서 가족이 있어도, 친구가 많아도 외로움을 느낄 수 있다. 진정 자신의 마음을 깊이 이해해주는 가족이나 친구가 없다면 외롭다.

외로움도 너무 오래 지속되고 깊어지면 결국 우울증으로 발전할 수 있다. 다른 사람들과 단절된 느낌은 외로움을 불러일으키고, 심리적으로 자신을 이해해줄 사람이 없다고 느끼게 되면 우울증으로 빠져들기 쉽다.

그런데 유난히 우울감을 잘 느끼는 사람들이 있다. 의학적으로 설명하자면 뇌 호르몬 분비의 차이일 수 있고, 심리학적으로 이유를 설명하자면 상황을 해석하는 잘못된 생각 습관을 갖고 있기 때문이기도 하다. 그런데 다행히도 생각 습관은 바꿀 수 있다. 또한 이를 통해 우울한 감정 역시 줄일 수 있다. 이러한 과정은 제3장에서 더 자세히 다룰 것이다.

'3조 실험'이 보여준 좌절의 늪

우울증의 또 다른 중요한 원인은 좌절감이다. 좌절감에 대해서 연구한 심리학자들이 있는데, 긍정 심리학의 아버지라고 불리는 마틴 셀리그만Martin Seligman은 일명 '3조 실험'을 통해서 어떤 상황이 우리를 무기력하게 만들고 좌절하게 만드는지를 알아냈다. 이 실험은 긍정 심리학에 한 획을 그으면서 심리학의 역사를 바꾼 아주 의미 있는 것으로, 감정을 공부하는 사람이라면 꼭 알아야 하는 실험이다. 그러면 '3조 실험' 이야기로 들어가 보자.

마틴 셀리그만과 그의 동료 스티브 마이어Steve Maier는 대학원생이었다. 20대의 두 사람은 세계 심리학의 역사를 바꿀 엄청난 실험을 하기로 결심한다. 먼저 3개의 큰 상자를 만들고 각 상자에 개를 1마리씩 넣었다. 1번과 2번 상자는 전기충격장치가 설치되어 있었고, 3번 상자에는 아무런 장치도 되어 있지 않았다. 전기충격장치는 개에게 정전기 정도의 충격을 줄 수 있는 장치였다.

1단계 실험	2단계 실험

❶ 나무판을 밀면 전기충격이 멈춤

❷ 어떤 행동을 해도 전기충격을 멈출 수 없음

❸ 전기 충격을 주지 않음

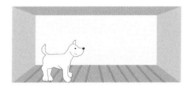 

　우선 1번 상자에는 무작위로 바닥에서 전기충격이 나타나게 했다. 그리고 개가 상자에 매달려 있는 나무판을 코로 밀면 전기충격이 멈추도록 했다. 2번 상자도 똑같은 전기충격장치를 설치했다. 다만 1번 상자와 달리 전기충격을 멈출 수 있는 나무판이 없었다. 그리고 1번과 2번 상자에 전기충격을 전달하는 장치는 동시에 켜지고 꺼지도록 전원이 연결되어 있었다. 그래서 전원을 켜면 1번과 2번 상자에 동시에 전기충격이 발생했고, 1번 상자의 개가 코로 나무판을 밀면 동시에 전기충격이 사라졌다. 이 3개의 상자에 들어간 3마리의 개는 어떤 운명을 맞았을까? 실험은 시작됐다.

1번 상자에 들어간 개는 전기충격이 나타날 때마다 안절부절못하면서 돌아다녔다. 그러다가 우연히 코로 나무판을 밀었는데 그 순간 전기충격이 멈추었다. 그 일이 반복되면서 1번 상자의 개는 전기충격이 생길 때마다 바로 코로 나무판을 밀어서 전원을 껐다.

2번 상자에 들어간 개는 어땠을까? 그 개 역시 전기충격이 가해질 때마다 그것을 피하기 위해서 이리저리 움직였다. 그러나 스스로 전기충격을 피할 방법은 없었다. 그러던 중 1번 상자의 개가 스위치를 끄자 전기충격이 사라졌다. 2번 상자의 개는 왜 전기충격이 사라졌는지 알 수가 없다. 잠시 후 또 전기충격이 가해지고, 또 저절로 없어진다. 한마디로 '스스로 제어할 수 없는 고통'을 당해야 하는 상황에 놓였다. 마지막 3번 상자의 개는 아무런 일 없이 그냥 상자에 들어가 있다가 나왔다.

여기까지가 1단계 실험이다. 3마리의 개들에게 각각 다른 경험을 심어준 것이다. 그리고 그 개들을 이용해서 2단계 실험을 했다. 2단계에서는 상자를 반으로 나누어 낮은 칸막이를 설치했다. 그래서 한쪽에는 1단계 실험에서와 똑같은 전기충격장치를 설치했고, 다른 한쪽에는 아무런 장치도 하지 않았다.

가장 먼저 3번 상자에 있었던 개를 넣고 전기충격을 주었다. 이 개는 1단계 실험에서 전기충격을 경험해보지 못한 개였다. 잠시 이리저리 움직이던 개는 바로 칸막이를 뛰어넘어서 전기충격이 없는 칸으로 넘어갔다. 아주 정상적인 반응이었다. 두 번째로 1번 상자에 있었던 개를 상자에 넣었다. 개는 전기충격을 피하려고 이리저리 움직이며 나무판을 찾아보다가 결국은 칸막이를 훌쩍 뛰어넘었다. 마지막으로 2번 상자에 있었던 개가 상자 안으로 들어갔다. 스스로 제어할 수 없는 고통을 겪었던 그 개는 과연 어떻게 했을까?

이미 짐작한 이들도 있을 것이다. 정말 놀라운 일이 벌어졌다. 2번 상자에 있었던 개는 전기충격이 와도 피하려고 하지 않았고, 그냥 무기력하게 주저앉아버렸다. 분명 칸막이를 훌쩍 뛰어넘어갈 수 있을 텐데, 그 개는 시도조차 하지 않은 채 전기충격이 없어지기만을 기다리며 아무것도 하지 않았다.

그들의 실험은 계속됐다. 같은 실험을 여덟 번 더 진행했는데, 총 24마리의 개를 이용해서 3마리씩 여덟 번의 실험을 반복했다. 그 결과 1번과 3번 상자에 있었던 개는 모두 쉽게 칸막이를 뛰어넘어 전기충격을 피했다. 그러나 2번 상자에 있었던 개는 8마리 중 단 2마리만이 칸막이를 뛰어넘었고, 나머지 6마리는 포기한 채 그냥 주저앉아 떨고 있었다.

실험의 결과는 정말 놀라운 것이었다. 2번 상자의 개는 '무기력'을 학습했다. 그 개는 아주 이상한 경험을 했다. 즉, '스스로 통제할 수 없는 고통'을 경험한 것이다. 2번 상자의 개는 스스로의 힘으로 통제할 수 없는 고통을 지속적으로 경험하면서 '무기력'을 학습했고, 지극히

수동적이고 무기력한 개가 되었다.

무기력도 학습되면 강해진다

3조 실험 이후 사람도 무기력이 학습되는지 궁금해졌다. 그래서 사람을 대상으로 한 비슷한 실험이 다른 연구자에 의해서 이뤄졌다. 그 주인공은 바로 도널드 히로토Donald Hiroto다. 그는 전기충격 대신 시끄러운 소리를 이용했다.

먼저 사람들을 세 집단으로 나누어서 각각의 방에 들어가게 했다. 그리고 1번 방과 2번 방에는 시끄러운 소음을 틀어놓았고, 벽에는 조금 복잡해 보이는 계기판을 설치했다.

그런데 차이가 있었다. 1번 방의 계기판은 단추 몇 개를 누르면 소음이 멈추지만, 2번 방의 계기판은 어떠한 조합으로 눌러도 소음을 멈출 수 없었다. 3번 방에는 소음이 없었다. 2단계 실험에서는 새로운 방을 하나 만들었다. 이 방은 한쪽 벽에 손을 대면 시끄러운 소음이 나오고 반대쪽 벽에 손을 대면 소음이 멈추는 장치를 만들어놓았다. 결과는 어땠을까?

결과는 앞의 3조 실험과 거의 유사했다. 1번 방과 3번 방에 있던 사람들은 그 방에서 소음을 끄는 방법을 쉽게 알아냈다. 그러나 2번 방에 있던 사람들 중 상당수는 소음을 끄려는 시도조차 하지 않았다. 그들 중 약 3분의 1에 해당하는 사람들만 소음을 끄는 방법을 알아냈다.

이 실험으로 '스스로 통제할 수 없는 고통'이 사람에게도 '무기력'을 불러일으킨다는 사실을 알게 됐다. 실험의 결과는 우울증의 환경적 원인을 설명하는 학술적 이론이 됐다. 즉 무기력하고 우울한 사람들은 이러한 감정을 오랜 시간 동안 환경 속에서 학습했을 것이라는 의미다.

사람들은 살아가면서 원하지 않지만 '스스로 통제할 수 없는 고통'을 경험하게 된다. 그러면 상당수가 불안과 무기력, 좌절, 그리고 우울을 느끼게 된다. 가장 대표적인 예가 천재지변이다. 얼마 전 우리나라를 강타했던 지진의 피해를 본 사람들도 무기력과 우울을 토로했다. 지진은 우리가 '스스로 통제할 수 없는 고통'으로, 미리 알고 대처하기가 어렵다. 위험이 나를 엄습해오는 것을 알면서도 내 힘으로는 아무것도 할 수 없을 때 사람들은 무기력을 느끼고 불안해지며, 우울감을 호소한다.

다만 같은 상황에 처하더라도 모든 사람이 무기력해지는 것은 아니다. 3조 실험에서 8마리의 개 중 6마리는 무기력이 학습됐지만 2마리는 그렇지 않았다. 사람을 대상으로 한 실험에서도 3분의 1에 해당하는 사람들은 무기력이 학습되지 않았다. 이는 무기력이 학습되는 사람이 있고 그렇지 않은 사람이 있다는 말이다. 여기에는 어떤 차이가 있는 것일까?

이러한 질문에서 시작된 연구가 찾아낸 것이 바로 '생각 습관'이다.

생각 습관에 대한 자세한 내용은 제3장에서 살펴보려 한다.

놀랍도록 빠른 감정의 전염성

우리나라는 OECD 국가 중 자살률 1위라는 불명예를 갖고 있다. 이는 우울증을 갖고 있는 사람이 많다는 증거이자, 제대로 치료받지 않는 사람이 많다는 증거이기도 하다.

자살과 같은 극단적인 선택을 하는 사람들은 이 세상에 자신을 이해해줄 사람이 단 한 사람도 없다고 생각한다. 단 한 명이라도 자신을 이해해주고 공감해주는 사람이 있다고 믿으면 그런 선택을 하지 않을 가능성이 높아진다. 사람은 혼자서는 살 수 없는 사회적 동물이기 때문에 혼자라고 느낄 때 심리적으로 매우 힘들어진다. 또한 감정은 다른 사람에게 매우 빨리 전염된다. 좋은 감정이든 나쁜 감정이든 말이다.

다른 사람의 감정을 알아차리는 것은 인간의 본능이다. 이러한 본능을 확인하려면 신생아실을 방문해보면 된다. 나는 대학병원 레지던트 시절 신생아실을 자주 드나들었는데, 줄지어 누워 있는 아기들 중에는 자주 우는 '울보 아기'가 늘 있었다. 울보 아기가 한번 울음을 터뜨리면 그 울음소리 때문에 주위의 다른 아기들이 다 같이 따라서 울음을 터뜨린다.

실제 신생아를 대상으로 한 감정전이 실험이 있었다. 실험 방법은 아기가 시끄럽게 우는 모습을 녹화한 후 그 아기가 자고 있을 때 녹화한 동영상을 크게 틀어주는 것이었다. 어떤 일이 벌어졌을까? 동영상의 큰 소리에도 불구하고 아기는 따라 울지 않았다. 다른 아기들을 대상으로 같은 실험을 해보았으나 결과는 마찬가지였다. 옆의 아기가 울 때는 따라 울던 아기들이 자신의 울음소리에는 아무런 반응을 하지 않았다.

우리는 한 아기가 울면 다른 아기들도 연쇄적으로 따라 우는 이유가 시끄러운 소리 때문에 잠에서 깼기 때문이라고 생각했다. 그런데 이유는 다른 데 있었다. 울고 있는 아기의 불편했던 감정이 옆에 있는 아기들에게 전달되면서 감정적으로 함께 불편해졌기 때문에 따라서 울었던 것이다. 이것이 바로 '신생아성 반응 울음'이라는 실험이다. 이 실험을 통해 우리는 사람의 감정은 매우 빠르게 전염되며, 또한 태어날 때부터 이미 다른 사람의 감정에 공감할 수 있는 본능을 갖고 있다는 사실을 알게 됐다.

이러한 인간의 본능 때문인지 행복한 사람 옆에 있으면 행복해진다는 연구결과도 있다. 예일대학의 니콜라스 크리스타키스Nicholas Christakis 박사는 사람 사이의 관계와 영향에 대해서 연구하는 학자다. 그의 연구결과에 따르면 친구가 행복을 자주 느끼는 사람이라면 자신도 행복해질 가능성이 15퍼센트나 증가한다고 한다. 또 친구의 친구가 행복한 사람이라면 10퍼센트, 친구의 친구의 친구가 행복한 사람이라면 행복해질 가능성이 5퍼센트 더 증가한다니, 감정의 전염력은 정말 위력이 세다.

인간이 본능적으로 사람 사이에서 느끼는 친밀감은 외로움과 슬픔, 우울과 좌절에서 벗어나게 해주는 해결 통로가 될 수 있다. 사람들 사이에서 느끼는 친밀한 감정은 호르몬 '옥시토신' 때문인데, 옥시토신이 분비되는 상황을 만들면 좌절과 우울에서 벗어나는 데 도움이 된다. 앞서 살펴봤듯이 친구, 가족들과 함께 지내는 시간을 갖는 것이 하나의 방법이다.

그런데 재미있는 사실은 옥시토신이 꼭 이렇게 기분 좋은 상황에서만 분비되는 것은 아니라는 점이다. 우리가 스트레스 상황에 빠졌을 때에도 옥시토신이 분비된다. 즉 스트레스 상황에 놓일 때 좌절반응이 나타날 수도 있지만, 반대로 옥시토신 분비에 의한 친교반응이 나타날 수도 있다는 말이다. 좌절반응과 친교반응은 극과 극의 반응처럼 보이지만 사실은 동전의 다른 면과 같다. 이제 스트레스를 받을 때는 혼자 있지 말고 사람들을 만나서 수다를 떨자. 가족도 좋고 친구도 좋다. 스스로 노력한다면 아주 빠르게 좌절반응이 친교반응으로 바뀔 수 있다.

이타심은 왜 좌절을 희망으로 바꾸는가

좌절과 우울 속에 빠져 살던 사람이 어느 순간 희망을 찾게 되는 경우가 종종 있다. 앞에서 소개했던 A씨도 그러한 경우다. 그는 자살을 결심하고 한강으로 가던 중에 불쌍한 아프리카 아이의 사진을 보는 순간 인생이 바뀌었다. 그에게 어떤 일이 일어난 것일까? 왜 갑자기 자살을 멈추고 새로운 삶을 살아갈 수 있는 힘이 생긴 것일까? 그것은 인간이 갖고 있는 가장 숭고한 본능인 이타심이 발휘되었기 때문이다.

듀크대학에서 이타심과 관련된 실험을 한 적이 있다. 피실험자들을 대상으로 뇌의 기능성 MRI를 촬영하면서 간단한 숫자 맞추기 게임을 시켰다. 그리고 숫자를 맞출 때마다 돈을 주기로 했다. 한 그룹에게는 어려운 사람들의 영상을 보여주면서 숫자를 맞춰서 받는 돈이 그 사람들에게 기부된다고 했고, 다른 그룹에게는 그냥 그 돈을 게임 당사자들이 가지게 될 것이라고 했다.

그런데 그 사실을 인지하는 순간 두 그룹의 피실험자들 뇌를 보니, 서로 다른 부분이 자극되는 것으로 나타났다. 돈을 어려운 사람들에게 기부한다는 말을 들은 사람들의 뇌에서 특히 활성화되는 부분이 있었는데, 그 부분은 본능에 가까운 부위였다. 남을 위하는 이타심이 인간의 본능이라고 볼 수 있는 것이다. 그리고 이 부위는 타인의 이타적인 행위를 보기만 해도 활성화되는 것으로 알려졌다. 그리고 그 순간 '옥시토신'이 분비된다.

A씨는 한 장의 사진을 통해서 이타심이라는 본능이 자극됐고, 자살을 하지 않고 새로운 삶을 살아가게 됐다. 그는 인터뷰에서 '그 사진을 보는 순간 알 수 없는 기분이 가슴 속 깊은 곳에서 솟구쳐 올라

왔다'고 했다. 그 '알 수 없는 기분'이라고 표현한 것, 그것이 바로 우리 인간이 가진 연민, 배려, 이타심이라는 감정이다. 인간의 본능인 이타심이 발휘되는 순간 좌절과 우울은 사라진다. 그리고 그 본능이 충족되면 행복감이 생겨난다. 이타심은 좌절을 희망으로 바꾸는 강력한 힘을 갖고 있다.

제2장에서는 감정의 종류와 원인 그리고 결과들을 살펴보았다. 감정을 알고 느끼면서 공부하는 것은 우리 자신을 더 잘 이해할 수 있는 길로 인도한다. 그리고 감정에 끌려다니는 삶이 아닌, 스스로 감정을 제어하며 주도권을 쥐고 살아갈 수 있게 도와준다. 지금까지의 감정 공부를 토대로 자신의 감정을 다음의 3단계로 정리해보자. 그 과정에서 당신은 감정의 진정한 주인이 될 것이다.

첫 번째 단계는 자신의 감정을 살피고 알아차리는 것이다. 자신의 감정을 살피는 것은 동물에게는 없는, 사람만이 갖고 있는 능력이다. 내가 지금 어떤 감정을 느끼고 있는지를 파악해보자. 그리고 그 감정에 이름을 붙여보자. 슬픔, 분노, 불안, 죄책감 등의 부정적 감정들도 있고, 기쁨, 설렘, 흥분, 평안, 만족감 등의 긍정적 감정들도 있다. 내가 느끼는 나의 감정을 알아차리고 거기에 이름을 붙이면서 내 감정의 주인이 되자.

두 번째 단계는 알아차린 감정을 건강하게 표현하는 것이다. 다양한 감정들을 마음 깊이 억누르지 말고, 적절하게 표현해보자. 감정 속에 빠져서 헤어 나오지 못한 채 과격한 말과 행동으로 감정을 표현한다면 관계와 상황을 악화시키는 것은 물론이고 때로는 나와 타인에게 피해를 입힐 수도 있다. 이성을 유지하면서 자신의 감정을 정확한 언어로 표현하는 것은 진정으로 감정의 주인이 되는 지름길이다. 만일 감정을 표현할 상대가 없다면 자신의 감정을 글로 적어보는 것도 좋은 방법이다.

세 번째 단계는 자신에게 이러한 감정이 생기는 이유를 물어보면서 자신의 내면과 만나는 시간을 갖는 것이다. 스스로 느껴지는 부정적 감정들은 마음이 나에게 보내는 신호이기도 하다. 자신에게 질문을 던지고, 왜 그런 감정을 갖게 됐는지 내면의 나와 함께 대화를 나누어보자. 그러한 과정을 통해 자신의 마음을 더욱 잘 이해할 수 있게 되면 진정한 감정의 주인이 될 수 있을 것이다.

마틴 셀리그만 연구팀에서 사용한 낙관성 테스트를 우리나라 현실과 문화에 맞게 수정하고 축소해 32문항으로 구성했다.

각 문항은 특정한 상황을 알려준다. 문항 아래에는 그런 상황이 된 이유에 대한 설명 두 가지가 있다. 그중에서 나의 생각과 더 가깝다고 느껴지는 문항을 선택하면 된다. 물론 정답은 없으며, 둘 다 나의 생각과 다를 수도 있다. 그중 더 가깝다고 생각하는 것을 선택하면 된다. 남이 나를 어떻게 생각하는지를 고민하지 말고, 나 자신이 생각하는 나를 염두에 두고 선택하기 바란다.

32문항은 8문항씩 4그룹으로 나뉘어져 있다. 체크가 다 끝나면 각 그룹의 점수를 합산해 적어놓자. 그럼 지금 시작해보자.

A 그룹 문항

1. 남편/아내(또는 애인)과 다툰 뒤에 화해했다.

내가 상대를 용서해주었다. (0점)　　　　　　　　　　□

나는 상대를 늘 용서해준다. (1점)　　　　　　　　　　□

2. 집에 손님을 초대해 훌륭한 저녁 시간을 가졌다.

내가 그날 저녁에는 유난히 멋지게 행동한 것 같다. (0점)　　□

나는 그런 모임을 준비하는 데 재능이 있다. (1점)　　　　　□

3. 주식으로 많은 돈을 벌었다.

내 주식 중개인이 그때 결정을 잘했다. (0점) ☐

내 주식 중개인은 일류 투자가이다. (1점) ☐

4. 운동 경기에서 내가 우승했다.

그때는 누구든지 이길 자신이 있었다. (0점) ☐

나는 언제나 열심히 최선을 다한다. (1점) ☐

5. 파티에 갔는데 함께 춤추자는 제의를 자주 받았다.

내가 원래 파티에서 인기가 많다. (1점) ☐

그날 밤 나의 모습이 보기 좋았다. (0점) ☐

6. 입시 면접을 아주 잘 치렀다.

나는 원래 면접에 강하다. (1점) ☐

그날은 면접 시간에 자신감이 넘쳤다. (0점) ☐

7. 남편/아내(또는 애인)의 제안으로 낭만적인 곳에서 주말을 보냈다.

그 사람은 며칠간 휴식이 필요했다. (0점) ☐

그 사람은 평소 좋은 장소를 잘 찾아내고 즐긴다. (1점) ☐

8. 주요한 사업의 책임을 맡으라는 제안을 받았다.

내가 관리 감독에 재능이 있다. (1점) ☐

내가 최근에 비슷한 사업을 잘 해낸 경력이 있다. (0점) ☐

점수합계 : _____점

B 그룹 문항

1. 남편/아내(또는 애인)의 생일을 깜빡 잊었다.

나는 원래 사람의 생일을 잘 기억하지 못한다. (1점) ☐

요즘 바쁜 일로 정신이 없었다. (0점) ☐

2. 도서관에 연체료를 1만 원 내야 한다.

독서에 열중하다 보면 책 반납하는 것을 잊곤 한다. (1점) ☐

보고서 작성에 열중하다 보니 책 반납을 깜빡 잊었다. (0점) ☐

3. 더 이상 참지 못하고 친구에게 화를 냈다.

그 친구는 늘 성가시게 군다. (1점) ☐

그날따라 그 친구의 기분이 안 좋았다. (0점) ☐

4. 소득세 신고서를 제때 제출하지 않아서 벌금을 물어야 한다.

세금 내는 것을 늘 미루는 편이다. (1점) ☐

올해에는 세금 내는 것을 게을리했다. (0점) ☐

5. 요즘 많이 지친 느낌이 든다.

평소 쉴 시간이 없다. (1점) ☐

이번 주에 특히 바빴다. (0점) ☐

6. 친구의 말에 마음의 상처를 받았다.

그 친구는 늘 다른 사람에 대해서 생각도 않고 말한다. (1점) ☐

그 친구가 기분 나쁜 일이 있어서 나에게 화풀이를 했다. (0점) ☐

7. 스키를 타다가 심하게 넘어졌다.

스키는 어렵다. (1점) ☐

노면이 얼어 있었다. (0점) ☐

8. 휴가 때 늘어난 체중이 줄지 않는다.

다이어트는 늘 실패한다. (1점) ☐

내가 선택한 다이어트 방법이 효과가 없었다. (0점) ☐

점수합계 : _____점

C 그룹 문항

1. 나를 좋아하는 누군가가 나에게 꽃을 보냈다.

그 사람이 나를 매력적으로 보았다. (0점) ☐

나는 사람들에게 인기가 좋다. (1점) ☐

2. 지방자치단체 공직에 출마해서 당선되었다.

선거 운동에 온 힘을 기울였다. (0점) ☐

나는 무슨 일이든 열심히 한다. (1점) ☐

3. 회사에서 촉박하게 던져준 과제를 제때 해냈다.

나는 회사 일을 잘한다. (0점) ☐

나는 모든 일을 잘한다. (1점) ☐

4. 질식사할 뻔한 사람을 살려냈다.

질식을 막는 법을 알고 있다. (0점) ☐

위급 상황에서 어떻게 해야 하는지를 알고 있다. (1점) ☐

5. 상사가 나에게 조언을 구했다.

내가 그 분야에 대해서 잘 알기 때문이다. (0점) ☐

내가 훌륭한 조언을 잘하기 때문이다. (1점) ☐

6. 친구가 어려울 때 도와줘서 고맙다고 인사했다.

나는 그 친구가 어려울 때 기꺼이 돕는다. (0점) ☐

나는 사람들을 잘 돕는다. (1점) ☐

7. 의사는 내 몸매가 좋다고 말했다.

나는 운동을 게을리하지 않으려고 애쓴다. (0점) ☐

나는 건강에 신경을 많이 쓴다. (1점) ☐

8. 회사에서 멋진 상을 받았다.

내가 중요한 문제를 해결했기 때문이다. (0점) ☐

내가 최고의 사원이었기 때문이다. (1점) ☐

점수합계 : _____점

D 그룹 문항

1. 중요한 약속을 지키지 못했다.

가끔씩 기억력이 떨어질 때가 있다. (1점) ☐

가끔 일정표 확인하는 것을 잊을 때가 있다. (0점) ☐

2. 중요한 시험을 망쳤다.

나는 시험을 같이 보았던 다른 사람들보다 똑똑하지 못하다. (1점) ☐

시험 준비를 충분히 하지 못했다. (0점) ☐

3. 정성껏 요리했는데 친구가 많이 먹지 않는다.

나는 요리에 소질이 없다. (1점) ☐

요리를 너무 급하게 준비했다. (0점) ☐

4. 오랫동안 연습했는데 경기에서 지고 말았다.

나는 운동에 별로 소질이 없다. (1점) ☐

이 종목은 내가 잘하지 못한다. (0점) ☐

5. 데이트를 신청했는데 거절당했다.

그날은 제대로 되는 일이 하나도 없었다. (1점) ☐

데이트를 신청할 때 말이 꼬이고 말았다. (0점) ☐

6. 애인이 잠시 냉각기를 갖자고 한다.

내가 너무 자기중심적이었다. (1점) ☐

애인에게 충분히 시간을 쓰지 못했다. (0점) ☐

7. 내 주식 값이 떨어져 오를 기미를 보이지 않는다.

주식을 살 때 경기 동향을 잘 몰랐다. (1점) ☐

주식 선택을 잘못했다. (0점) ☐

8. 신용카드로 결제하려는데 한도 초과로 결제가 되지 않는다.

나는 때때로 내가 돈이 많다고 착각하며 돈을 쓴다. (1점) ☐

나는 때때로 카드대금 지불시한을 잊곤 한다. (0점) ☐

점수합계 : _____점

결과 해석

앞의 설문은 '생각 습관'의 두 가지 차원을 다룬다. 첫 번째는 '지속성 permanence 차원'이고, 두 번째는 '만연성pervasiveness 차원'이다.

지속성 차원

어떤 일이 일어나면 그러한 일들이 나에게 '언제나 일어나는 일'이라고 생각하기도 하고 반대로 '일시적인 일'이라고 생각하기도 한다. 사람마다 생각하는 것이 달라서 좋은 일이든 나쁜 일이든 일이 일어나는 것에 대한 생각 습관이 '항상' 또는 '이번에만'으로 나누어진다.

낙관적인 사람들은 좋은 일에 대해서는 '항상'이라고 생각하는 습관을 가진다. 반대로 나쁜 일에 대해서는 '이번에만'이라고 생각하는 습관이 있다. 예를 들어 앞의 문항 중 하나를 예로 들어 살펴보자.

A그룹 문항 중에 '입시 면접을 아주 잘 치렀다'라는 문항에는 두 가지 답변이 기다리고 있다. 하나는 '나는 원래 면접에 강하다'이다. 이 답변을 선택한 사람들은 좋은 일에 대해서 '항상'을 선택하는 사람들이다. 나머지 '나는 그날 면접시간에 자신감이 넘쳤다'를 선택한 사람들은 좋은 일에 대해서 '이번에만'을 선택하는 사람들이다.

반대로 B그룹 문항 중에 '소득세 신고서를 제때 제출하지 않아서 벌금을 물어야 한다'라는 문항에도 두 가지 답변이 기다리고 있다. 하나는 '세금 내는 것을 늘 미루는 편이다'인데, 이것을 선택한 사람은 나쁜 일에 대해서 '항상'을 선택한다. 반대로 '올해에는 세금 내는 것을 게을리했다'를 선택한 사람들은 나쁜 일에 대해서 '이번에만'을 선택한다.

A그룹과 B그룹 문항들은 생각 습관의 '지속성 차원'을 측정하기 위한 문항들이다. 그리고 A는 좋은 일에 대한 생각 습관을 보기 위한 것이고, B는 나쁜 일에 대한 생각 습관을 보기 위한 문항이다.

만연성 차원

어떤 일이 발생한 원인을 '전부'로 생각하는지 또는 '일부'로 생각하는지를 알아보는 것이다. 낙관적인 사람들은 비관적인 사람들보다 좋은 일에 대해서는 '전부'를 선택할 가능성이 높고, 반대로 나쁜 일에 대해서는 '일부'를 선택할 가능성이 높다.

예를 들어 C그룹 문항 중에 '나를 좋아하는 누군가가 나에게 꽃을 보냈다'라는 문항이 있다. 그리고 두 가지 답변이 있다. 그중에서 '나는 사람들에게 인기가 좋다'를 선택한 사람은 만연성 차원에서 '전부'를 택한 것이다. 그러나 '그 사람이 나를 매력적으로 보았다'를 선택한 사람은

'일부'를 택한 것이다. 좋은 일에 대한 당신의 생각 습관을 만연성 차원에서 알아보기 위한 것이 C그룹 문항들이다.

반대로 D그룹 문항들은 나쁜 일에 대한 당신의 생각 습관을 만연성 차원에서 알아보기 위한 문항들이다. 예를 들어서 '오랫동안 연습했는데도 경기에서 지고 말았다'라는 문항에서 '나는 운동에 별로 소질이 없다'를 선택한 사람은 나쁜 일에 대해서 '전부'를 선택한 것이다. 그러나 '이 종목은 내가 잘 못한다'를 선택한 사람은 '일부'를 선택한 것이다.

문항의 의미를 정리해보면 다음과 같다.

- **A** 그룹 문항 : 좋은 일에 대한 지속성 차원
- **B** 그룹 문항 : 나쁜 일에 대한 지속성 차원
- **C** 그룹 문항 : 좋은 일에 대한 만연성 차원
- **D** 그룹 문항 : 나쁜 일에 대한 만연성 차원

자, 이제 당신의 낙관성 점수를 살펴볼 때가 왔다. 먼저 다음에 표기된 점수 항목 중 자신의 점수가 어디에 속하는지를 보고, 각 그룹 문항의 점수에 따른 당신의 낙관성 점수를 확인해보자.

A 그룹 문항 합계 점수 해석

7~8점 : 매우 낙관적

6점 : 약간 낙관적

4~5점 : 평균

3점 : 약간 비관적

0~2점 : 매우 비관적

B 그룹 문항 합계 점수 해석

0~1점 : 매우 낙관적

2~3점 : 약간 낙관적

4점 : 평균

5~6점 : 약간 비관적

7~8점 : 매우 비관적

C 그룹 문항 합계 점수 해석

7~8점 : 매우 낙관적

6점 : 약간 낙관적

4~5점 : 평균

3점 : 약간 비관적

0~2점 : 매우 비관적

D 그룹 문항 합계 점수 해석

0~1점 : 매우 낙관적

2~3점 : 약간 낙관적

4점 : 평균

5~6점 : 약간 비관적

7~8점 : 매우 비관적

다음 점수는 당신에게 나쁜 일이 생겼을 때 당신의 마음가짐을 알아보는 점수다. 이 점수는 '희망 점수'라고 불리는데, 가장 중요한 점수라고 알려져 있다. 아래의 표에 점수를 넣어 계산해보자.

B그룹 문항 합계 점수 + D 그룹 문항 합계 점수의 해석

0~2점 : 매우 희망적

3~6점 : 약간 희망적

7~8점 : 평균

9~11점 : 약간 절망적

12~16점 : 매우 절망적

이제 당신의 낙관성 정도가 어느 정도인지 알게 됐을 것이다.

제3장 · 슬기로운 생각 습관 트레이닝

거창한 변화 없이
일과 인생이 가뿐해지는 생각법

긍정적 가치관에 긍정적 감정이 깃든다

지금까지 진료실에서 많은 환자들을 상담하고, 강의실에서 많은 사람들을 만나면서 알게 된 것이 있다. 현대인들의 스트레스 요인은 크게 일, 인간관계, 육아, 건강 이렇게 네 가지로 구분할 수 있다는 점이다. 우리가 일상생활 속에서 매일 겪고 있는 동료와의 갈등, 업무로 인한 압박감, 경제적인 문제, 아이의 문제행동, 심각한 미세먼지, 잦은 두통과 만성피로, 갑질 고객 등으로 인한 스트레스는 거의 이 네 가지 범주에 속한다. 물론 천재지변이나 전쟁, 화재와 같은 불가항력적인 사건처럼 예외적인 경우도 있지만.

스트레스 상황은 대개 우리의 감정을 나쁘게 만들고 건강을 해친다. 하지만 같은 스트레스 상황에서도 우리가 건강한 감정반응을 보인다면 발전과 성장의 기폭제가 될 수 있다. 우리는 각자 스트레스 상황에서 나쁜 감정을 덜 느끼기 위해서 여러 가지 노력을 하고 있다. 흔히 말하는 스트레스 해소법이다. 예를 들어 취미활동 즐기기, 운동하기, 맛있는 음식 먹기, 친구들과 이야기 나누기, 햇빛을 받으며 산책하기 등은 분명히 우리의 호르몬에 변화를 가져오고 우리의 감정을 좋게 만들어준다.

타고난 성격을 바꾸지 않고도 달라지는 법

그런데 일반적인 스트레스 해소법으로는 뭔가 부족함이 느껴진다. 이것이 근본적으로 나의 감정을 바꾸어나갈 수 있는 방법일까 하는 의문이 드는 것이다. 상담 중에 이런 날카로운 질문을 던지는 환자들도 있다.

"선생님이 말씀해주신 스트레스 해소 방법들이 정말 근본적인 해결책이 될 수 있는 건가요? 잠시 동안은 기분 전환이 되지만, 다시금 나쁜 감정으로 빠져들고 마는 것 같아요."

이러한 질문의 답을 찾아가다 보면, 진정 우리의 감정을 조절하는 가장 중요한 '열쇠'가 무엇인지 알게 된다. 그것은 개인의 '타고난 성격'이다. 이에 대해서는 이미 학자들이 증명해준 바 있다.

심리학자 소냐 류보머스키Sonja Lyubomirsky는 인간의 행복과 감정에 대한 깊은 연구를 통해서 다음과 같은 결론을 내렸다. 우리의 감정이 세 가지 요소에 의해서 결정된다는 것이다. 첫째는 환경적 요인이고, 둘째는 생활 습관과 활동, 마지막은 유전적 요인이다. 그중 가장 큰 영향력을 가진 것은 유전적 요인으로 50퍼센트의 영향력을 가졌다. 생활 습관과 활동은 40퍼센트, 환경적 요인은 10퍼센트의 영향력이 있다고 한다.

'타고난 성격'이 우리의 감정을 결정짓는 데 가장 큰 영향력을 갖고 있다는 이야기다. 그래서 민감하고 걱정이 많고 강박적인 성격을 갖고 태어난 사람은 늘 불안하고 우울하기 쉽다. 나는 이런 사람들을 '선천성 행복결핍증' 환자라고 부른다. 바로 나 같은 사람이다.

반대로 낙천적이고 느긋해서 걱정이 별로 없는 성격으로 태어난 사람들이 있다. 이런 사람들은 '선천성 염려결핍증' 환자다. 이들의 특징은 일단 둔감하다. 언제 어디서나 머리만 대면 잠을 잘 수 있고, 아무거나 먹어도 소화를 잘 시킨다. 한 가지 걱정을 오래 하지 않으며, 늘 여유가 있어서 지각을 자주 하고 게으른 듯 보이기도 한다.

이처럼 유전적으로 타고난 성격은 우리의 감정에 아주 큰 영향을 미친다. 그렇다면 우리는 자연스럽게 이런 궁금증이 떠오른다.

"성격을 바꿔야만 우리의 감정을 바꿀 수 있다는 말인가? 그렇다면 성격을 바꾸는 것이 가능하기는 한 것인가?"

사람의 성격을 바꿀 수 있느냐 없느냐에 대한 논란은 여전히 계속되고 있다. 많은 심리학자들은 '근본적 성격은 바꾸기 어렵다'고 이야

기한다. 반면에 '성격을 어느 정도 바꿀 수 있다'고 주장하는 사람들
도 있다. 나의 견해는 '둘 다 맞다'이다. 성격을 바꾼다는 기준을 어디
에 두느냐에 따라서 두 주장은 맞을 수도 있고 틀릴 수도 있기 때문
이다.

예를 들어 내성적인 성격을 타고난 사람은 다른 사람들 앞에서 이
야기하는 것이 매우 어렵고 힘들다. 그러나 학교를 다니고 직장생활
을 하다 보면 어쩔 수 없이 남들 앞에 나가 발표해야 할 일들이 생긴
다. 매우 힘든 일이지만 하지 않을 수 없는 일이기에 조금씩 노력한
다. 그렇게 발표를 자꾸 하다 보면 발표하는 일이 점차 익숙해지고,
때로는 발표를 잘하는 사람이 되기도 한다. 이런 경우 성격이 바뀐
것일까? 아니면 반복적인 훈련 덕을 본 것일까?

나는 성격이 바뀐 것인지, 반복적인 훈련 덕을 본 것인지를 구분하
는 데는 전혀 관심이 없다. 내가 관심이 있는 것은 '감정'이 바뀌었느
냐 하는 점이다. 성격이 바뀌었든 바뀌지 않았든 사람들 앞에서 발
표할 때 과거보다 덜 불안하다면 그것은 '감정조절'에 성공한 결과다.
스트레스 상황에서 좋은 감정반응으로 감정을 조절할 수 있으면 된
다. 애써 '타고난 성격'을 바꿀 필요가 없다. 그렇게 하지 않아도 스트
레스 상황에서 편안한 감정을 갖는 데 도움을 주는 방법은 많이 있
다. 가장 좋은 방법은 가치관, 태도, 생각 습관을 바꾸는 것이다.

스트레스 상황에서 우리의 감정을 좌우하는 열쇠는 타고난 성격
이 아니라 스트레스 상황을 바라보고 해석하는 가치관과 생각 습관

이다. 물론 이것들도 성격에서 나온다고 볼 수 있지만, 한 가지 분명한 점은 성격과 다르게 연습과 훈련에 의해서 바뀔 수 있다는 점이다. 이는 논란의 여지가 없는 사실이다.

가치관이 변해야 감정이 변한다

만성피로 클리닉에 찾아오는 환자들 중에는 고등학생들도 적지 않다. 대부분 어머니와 함께 찾아오는데, 상담이 시작되면 너무 피곤해서 공부를 하지 못하는 게 안타깝다는 어머니의 호소를 듣게 된다. 순간 옆에 앉아 있는 아이의 표정과 태도를 보면 억지로 끌려왔다는 느낌을 지울 수 없다.

속사정은 이렇다. 아이는 '오늘은 학원에 안 가고 좀 쉬고 싶다'는 마음에 많이 피곤하다고 핑계를 댔을 것이고, 어머니는 의학의 도움을 받아서라도 빨리 회복시켜서 학원에 보내야겠다고 생각한 것이다. 어머니와 아이 사이에 냉기가 흐르고, 진료실 분위기는 나빠진다. 어머니는 어떻게든 공부를 시켜서 좋은 대학에 보내고 싶고, 아이는 너무 힘들어서 오늘만은 좀 쉬고 싶다. 그 두 사람의 갈등을 지켜보는 나도 마음이 무겁다. 부모의 마음도 이해가 되고 아이의 마음도 이해가 된다. 그러면서 딸의 모습이 겹쳐 떠오른다.

딸은 나와 다른 성격으로 태어났다. 고3 시절 일요일 아침, 학교 도서관에 가서 공부한다며 일어나 준비하는 모습을 보면 확실히 그랬다. 느긋하게 일어나서 머리를 감고 치장을 한다. 그렇게 보내는 시간이 1시간이다. 천천히 밥을 먹고 이것저것 챙기다 보면 결국 오전이 다 지나서야 집을 나선다.

그 모습을 옆에서 지켜보는 나는 답답해서 속이 터질 지경이다. 딸아이는 나와 달라도 너무 다르다. 성적을 올리고 싶어하는 아이가 하는 행동은 정반대니 이해가 되지 않는다. 그렇다고 꿈지럭거리는 딸에게 잔소리를 할 수도 없다. 잔소리를 내뱉는 순간, 나는 민감한 고3의 하루를 망치는 아버지가 될 뿐이다. 나와 아내는 답답한 가슴을 부여잡고, 이러지도 저러지도 못하면서 딸을 그냥 지켜봐야만 했다. 정말 '화병'이 생길 것 같았다.

그 무렵 나와 아내는 삶의 가치관을 새롭게 정립했고, 새로운 가치관에 기반한 질문을 자신에게 던지기 시작했다. 덕분에 우리의 화는 점차 가라앉았고 마음이 편안해지는 것을 느꼈다. 그 이후로 나는 진료실에서 만나는 고3 어머니들께 이런 질문을 던진다.

"이렇게 생각해보면 어떨까요? 공부는 아주 잘하지만 부모와 사이가 매우 안 좋고 전혀 소통하지 않는 자녀가 있습니다. 반대로 공부는 썩 잘하지 못하지만 부모와 사이가 좋아서 늘 소통하는 자녀가 있습니다. 이 둘 중에서 어느 쪽을 원하시나요?"

이런 질문을 받으면 어머니들은 약간 당황하지만 이내 이렇게 대답한다.

"공부도 잘하면서 착하고 소통도 잘되는 자녀였으면 좋겠어요."

정말 욕심도 많다. 물론 어딘가에는 그런 자녀도 있겠지만 확률적으로 매우 드물다. 학생들의 성적은 상대평가이기 때문에 모두가 공부를 잘하는 것은 불가능하다. 잘하는 아이가 있으면 못하는 아이도 있다. 그러니 자녀의 성적보다 가족 간의 사랑과 소통이 더 중요하다고 생각하는 부모가 되는 편이 좋을 것이다. 나처럼 말이다.

만약 성적을 올리는 과정에서 가족 간의 사랑과 소통에 문제가 생긴다면 어느 쪽을 선택할 것인가? 이는 '가치관'에 대한 질문이다. 우리가 어떤 가치를 중심으로 인생을 살아갈 것인가 하는 문제이다. 가치관은 성격과는 달라서 세월이 지나면 바뀌는 것이 보통이다.

나와 아내는 고3 딸아이를 키우면서 자녀를 바라보는 새로운 가치관을 갖게 됐다. 공부를 잘하는 것보다 가족 간의 사랑과 소통이 더 소중한 가치임을 알게 된 것이다. 새로운 가치관을 갖게 된 순간 우리의 감정은 많이 편안해졌고 행복해졌다.

좋은 감정을 위한 조건, 인정하기

한동안 자기계발서들의 최대 화두는 '긍정'이었다. 대부분 '절대 긍정' 또는 '무한 긍정'이라는 말을 써가면서 모든 상황을 긍정적으로 바라보아야 한다고 주장했다. 그 책들을 보면서 우리는 '긍정'을 '부정'과 반대되는 개념으로, '긍정적 감정'은 '좋은 감정' 또는 '행복한 감정'으로 생각하게 됐다. 그런데 사실은 그렇지 않다. '긍정'positivity이라는 단어의 사전적 의미를 보면 그 어디에도 이런 내용이 없다.

긍정

1. 그러하다고 생각해 옳다고 인정함.
2. 〈논리〉 일정한 판단에서 문제로 되어 있는 주어와 술어와의 관계를 그대로 인정하는 일.

　[유의어] 납득, 시인, 승인

　긍정은 '좋음' 또는 '행복함'이라는 의미가 아니다. 그냥 그 상태를 '인정하는 것'이다. 그러나 최근에는 심리학에서도 '긍정 정서' 또는 '긍정 심리자본'이라는 말을 사용하면서 좋음 또는 행복함의 의미로 함께 사용되고 있다. 우리는 여기서 정말 중요한 것을 한 가지 알게 됐다. 진정한 의미의 긍정은 '인정하는 것'이라는 사실이다. 인정한다는 것은 현재 상태를 있는 그대로 받아들이는 것이다. 이것이 바로 우리가 '좋은 감정' 또는 '행복한 감정'을 갖기 위한 첫 번째 조건이다.
　현재 상태를 '인정'할 수 있다면 좋겠지만 말처럼 쉽지 않기에, 속을 끓이고 화를 내고 불안과 우울에 시달린다. 우리는 자녀가 공부를 못한다는 사실을 인정할 수 없어서, 자신이 승진에서 누락된 사실을 납득할 수 없어서, 고혈압 때문에 계속 약을 먹고 살아야 한다는 사실을 받아들이기 힘들어서 괴로워한다. 이때 필요한 것이 바로 현실을 인정하고 받아들이는 '긍정'이다. 현실을 긍정하는 순간 시야가 넓어지고 해결책이 보인다. 자녀가 가진 남다른 재능을 찾을 수 있고, 다음번에 승진하기 위해서 더 열심히 노력할 수 있으며, 고혈압 약을 열심히 챙겨 먹으면서 건강을 관리할 수 있다.

그래서 새로운 가치관의 정립은 '인정하기'와 함께 시작된다. 말로만 하는 '인정'은 소용이 없다. 마음 깊은 곳에서부터 진정으로 새롭게 다가오는 현실의 변화를 인정할 수 있어야 '확실함'positivity이 생기고, 그때부터 자신의 태도와 가치관에 변화가 일어난다. 이처럼 인정하기는 우리가 새로운 가치관을 만날 수 있게 해주고, 또 반대로 새로운 가치관은 인정하기가 수월해지도록 도와준다.

내 감정은 누구도 아닌 내가 선택하는 것

약 30년 전에는 고속버스 안에서 담배를 피우는 사람들이 꽤나 많았다. 그때는 그런 행동이 전혀 문제가 되지 않았지만 지금은 어떤가? 상상도 못할 일이다. 사회적 기준이 바뀌어가듯 개인의 가치관도 바뀌어간다. 우리의 가치관과 사회적 기준은 계속 바뀌어갈 것이고, 그것을 인정할 때 우리의 감정은 갈등을 피할 수 있다. 과거의 가치관으로 살아가는 것은 매우 위험하다. 늘 불만과 고통스러운 감정으로 살아가게 될 가능성이 크기 때문이다. 새로운 가치관을 만날 수 있게 해주는 긍정을 실천하기 위해 노력해야 하는 것은 이 때문이다.

누구든지 인정하기 어려운 상황들이 있다. 나의 잘못이 아닌데 내가 책임을 져야 할 사건들에 대해서는 솔직히 긍정하기 어렵다. 예를 들어 뒤차의 실수로 생긴 교통사고를 처리하느라 약속에 늦었다고 해보자. 내가 잘못한 것은 하나도 없고, 뒤차 운전자의 실수가 이런 상황을 만든 것이다. 정말 지독한 독감에 걸렸다고 가정해보자. 평소 건강하게 생활하려고 술, 담배도 안 하고 미리 독감예방주사도 맞았다. 그런데 지독한 독감이 찾아와 결근하는 것은 물론이요, 1주일 동안 아무것도 못하게 만들어버렸다. 내가 잘못한 것이 없는데도 불편한 일들을 겪어야만 하는 상황이 억울하다. 이런 상황들은 우리를 짜증나게 하고 무기력하게 만든다.

사실 나도 이런 생각에 오랫동안 사로잡혀서 살아왔다. 나는 잘못한 것이 하나도 없는데 피해를 봐야 하는 상황은 정말 나를 화나게 만들었다. 그런 일들을 몇 번 겪고, 결국 깨달은 것은 그럼에도 인정하는 것이 가장 현명하다는 사실이다.

2017년 미국 최고의 베스트셀러 저자이자 영향력 일순위의 일인 미디어 파워를 갖고 있는 마크 맨슨 Mark Manson은 그의 책 《신경 끄기의 기술》에서 이렇게 말한다.

"모든 일의 책임은 당신의 몫이다. 지금 일어난 상황이 당신의 잘못이 아닐 수도 있다. 그러나 비록 나의 잘못이 아니더라도 내가 책임져야 한다. 그것을 인정해야 한다. 그 순간에 나는 나의 감정을 선택할 수 있다."

나는 그의 의견에 동의한다. 우리의 감정을 좋은 방향으로 바꾸고 행복한 삶을 살기 위해서는 '긍정'이 따라야 한다. 인정하는 태도는 스스로의 감정을 선택할 기회를 제공한다. 그는 또 이렇게 덧붙인다.

"돈과 명예, 학위와 능력이 대단한 사람을 만드는 것이 아니다. 정말로 대단한 사람은 스스로의 감정을 선택할 수 있고, 그 감정의 결과를 책임질 수 있는 사람이다."

스트레스 상황에서도 부정적 감정에 휘말리는 피해자가 되지 않을 수 있다. 비록 자신의 '타고난 성격'은 바꾸지 못하더라도, 새로운 가치관을 정립하고 '인정하기'를 하는 순간, 우리의 감정은 좋아질 수 있다. 그리고 우리를 힘들게 하는 상황이 와도 준비하고 대책을 세울 수 있는 힘이 생긴다.

현실에 발 딛고서도 행복해지는 현실적 낙관주의

우리는 '긍정'의 의미를 잘못 알고 있었다. 우리가 생각하는 긍정은 '낙관'optimism에 더 가깝다. 낙관에 대한 사전적 의미는 다음과 같다.

낙관

1. 인생이나 사물을 밝고 희망적인 것으로 봄.
2. 앞으로의 일 따위가 잘 되어갈 것으로 여김.

낙관은 앞으로의 일을 더 희망적으로 보게 해서 좋은 감정을 일으킨다. 그런데 낙관 이전에 긍정이 먼저 이뤄져야 한다. 먼저 현실을 인지하고 인정하는 긍정이라는 바탕 위에서 미래를 희망적으로 바라보는 것이 바로 건전한 낙관이다. 인정이 먼저고 낙관이 그 뒤를 따른다. 만일 그 무엇도 '인정'하지 않은 채 '낙관'만 한다면 이는 환상 속을 살아가는 것과 같다. 잘못된 낙관이다.

심리학자들은 일찍부터 이를 '유연한 낙관'과 '맹목적 낙관'이라고 설명했다. 술을 마시고 운전하는 것을 예로 들어보자. 술을 마셨지만 조심해서 운전하면 아무 문제없이 집에 도착할 수 있다는 식의 생각이 바로 맹목적 낙관이다. 현실 인정이 안 된 상태의 맹목적 낙관은 위험하기 때문에 피해야 한다. 반대로 유연한 낙관은 현실을 인정한 바탕 위에 이뤄진다. 다른 학자들은 이것을 '현실적 낙관주의'라고 부르기도 하는데, '건강한 낙관'은 우리의 생사를 가르기도 한다.

오스트리아의 정신과 의사였던 '빅터 플랭클'Viktor Frankl은 아우슈비츠 수용소에 갇혀 생사를 넘나드는 삶을 살았다. 그는 그곳에서 수많은 유대인들의 죽음을 지켜보며 '낙관'에 대해 새로운 사실을 깨달았다.

제2차 세계대전이 한창이던 1944년의 어느 날 아침, 함께 갇혀 있던 사람이 3월 30일 전쟁이 끝나고 모두 풀려날 것이라고 얘기했다. 주위 사람들이 그에게 물었다.

"그걸 어떻게 알아?"

그가 자신감 넘치는 목소리로 대답했다.

"어젯밤 꿈에서 하나님이 예언하셨다네."

다른 사람들은 헛소리라고 생각했지만, 그는 그날 정말 전쟁이 끝날 거라고 굳게 믿었다. 3월 30일에 전쟁이 끝났을까? 안타깝게도 그렇지 않았다. 그리고 바로 다음 날, 종전의 예언을 굳게 믿었던 그 사람이 사망했다. 사망 원인은 발진티푸스라는 바이러스성 감염질환이었다. 그러나 빅터 플랭클은 그가 죽은 원인을 다르게 바라보았다. 그가 희망을 잃어버리자 바로 병에 걸리게 됐다고 생각한 것이다.

아우슈비츠 수용소에서 가장 많은 사람이 죽은 시기는 1944년 성탄절부터 1945년 새해까지 약 7일 정도였다. 그 이유는 무엇이었을까? 그 시기 동안 식량 사정이나 여러 가지 다른 조건에는 변화가 없었다. 차이가 있었던 것은 수용된 사람들의 마음 상태였다. 그들은 늘 크리스마스가 되면 또는 새해가 오면, 전쟁이 끝나고 가족들을 만나게 되리라는 희망을 품고 있었다. 그러나 현실은 그렇지 못했다. 희망이 절망으로 바뀌자 그들은 죽음으로 내몰렸다. 맹목적 낙관의 결과다.

반대로 희망이 절망으로 바뀐 상태에서도 다시 현실을 인정하고 인간으로서의 존재 가치를 마음속에 새겼던 사람들은 끝까지 잘 버티고 살아남았다. 인간이 가진 가치관은 이처럼 긍정적 심리에 큰 영향을 미친다.

긍정과 낙관은 함께 이루어져야 건강하다. 현실을 인정한 상태에서 미래를 낙관적으로 바라볼 수 있는 능력이 우리의 감정을 조절해

주고 행복하게 만들어준다. 이러한 '현실적 낙관주의'야말로 '감정조절 능력'을 향상시키기 위해 우리가 갖추어야 할 마음가짐이다.

세 살 생각 습관 여든까지 간다

앞의 낙관성 테스트를 통해서 우리는 자신의 낙관성이 어느 정도 인지 알게 됐다. 이제 낙관성 수치가 높고 낮음의 진정한 차이가 무엇 인지 알아보려 한다.

낙관성 수치가 높은 사람과 낮은 사람의 가장 큰 차이는 '타고난 성격'과 '생각 습관'에 있다. 성격은 쉽게 바뀌지 않는 것이 사실이지 만 '생각 습관'은 다르다. 성격을 바꾸지 않아도 '생각 습관'을 바꾸면 낙관성은 상승된다. 이제 생각 습관이 우리의 감정에 어떤 영향을 미 치는지 자세히 알아보자.

낙관성 훈련법 – 안 좋은 일 되새김질 멈추기

얼마 전에 발표된 '직장상사가 혈압에 미치는 영향'에 대한 연구는 우리의 생각 습관이 얼마나 중요한지를 보여준다. 캐나다 세인트메리 대학 연구팀은 간병인 55명을 상대로 실험을 진행했다. 일을 시작할 때부터 잠들 때까지 하루 종일 혈압 측정기를 몸에 부착하고 1시간마다 혈압을 측정했다. 동시에 설문을 통해 얼마나 스트레스를 받고 있는지도 확인했다. 그런데 혈압에 영향을 주는 여러 원인 중 상사의 폭언이 큰 비중을 차지했다. 상사의 폭언은 혈압을 상승시켰고, 심각한 폭언은 퇴근 후에는 물론이고 심지어 며칠 동안 지속적으로 영향을 주는 것으로 나타났다.

물론 누구든지 폭언을 들으면 혈압이 올라갈 수밖에 없다. 그런데 그 영향이 어떤 사람은 일시적인가 하면 어떤 사람은 며칠 동안 지속됐다. 연구팀은 그 차이에 주목했다. 그리고 스트레스 상황에 지속적으로 나쁜 영향을 받으면서 부정적 감정에 사로잡히는 사람들에게서 한 가지 특징을 발견했다. 그 특징은 바로 '안 좋은 일을 계속 되새기는 생각 습관'이었다. 즉 '비관적 되새김'이다.

나 역시 과거에 이미 지나가버린 나쁜 일들을 되새기며 밤을 지새운 경험이 있다. 아마도 많은 사람들이 '비관적 되새김'에 빠져 괴로워했던 경험이 있을 것이다. 때로는 과거의 일뿐 아니라 일어나지 않은 미래의 일도 비관적으로 상상하며 괴로워하곤 한다. 새로운 생각 습관을 가지려면 일단 이러한 '비관적 되새김'을 끊어버리는 것이 중요하다. 그래야만 감정을 좋은 방향으로 이끌어갈 수 있다.

낙관성 훈련법은 생각 습관을 바꿀 수 있는 방법인데, 이는 마틴 셀리그만 박사와 함께 스티븐 홀론 Steven Hollon 박사(밴더빌트대학 심리학 교수)와 아서 프리맨 Arthur Freeman 박사(뉴저지대학 정신의학 교수)가 공동으로 철저한 연구를 거쳐서 만들어냈다. 그리고 수천 명의 사람들이 임상심리치료 과정에서 이 훈련법을 통해 더 낙관적이고 행복한 감정을 갖게 됐다. 낙관성 점수가 낮은 사람들은 더 열심히 실천할 필요가 있다.

낙관성 훈련법 – 나의 생각 습관 인지하기

훈련법을 시작하기 전에 먼저 해야 할 일이 있다. 바로 자신의 생각 습관을 아는 것이다. 대부분의 사람들은 생각 습관이 굳어져 있어서 생각 습관에 문제가 있음을 파악하는 건 둘째치고 자신의 생각 습관을 알아내는 것조차 쉽지 않다. 여기서도 '메타인지'가 중요하게 작용한다. '자신을 아는 힘!' 스스로 자신의 생각 습관을 파악하는 것이 먼저다. 그래야 '생각 습관'을 바꾸는 훈련을 해나갈 수 있다.

나는 이 방법을 123기법이라고 부른다. 아니 정확하게 하면 12345기법이다. 다만 1, 2, 3단계를 명확하게 이해해야만 4, 5단계를 실행할 수 있다. 그러니 123기법을 먼저 알아보도록 하자.

123기법은 자기 자신의 생각 습관을 인지하기 위한 것인데, 먼저 아래 설명을 보자.

- 1단계 : 나에게 생긴 안 좋은 사건
- 2단계 : 그 사건의 원인과 결과를 해석하는 나의 생각 습관과 믿음
- 3단계 : 나의 생각 습관과 믿음에 의해서 생긴 나의 감정과 행동 또는 결과

평소 우리에게는 1, 2, 3단계가 순식간에 연속적으로 일어난다. 그런데 사람들은 대부분 2단계를 인지하지 못 하기에, 1단계에서 바로 3단계로 넘어가는 것처럼 느낀다. 이때 인지하지 못 하는 2단계가 매우 중요하다. 이 단계에서 우리의 생각 습관이 작용하기 때문이다. 1단계가 같아도 3단계의 결과가 다른 이유는 2단계가 다르기 때문이다. 만약 2단계에 해당하는 자신의 생각 습관과 믿음을 스스로 인지하지 못 하면 우리는 당연히 1단계에서 3단계로 바로 넘어가 버린다. 이해를 돕기 위해 예를 하나 들어보자.

1단계 : 나에게 생긴 안 좋은 사건

나는 30세 여자다. 요즘 체중이 너무 불어서 다이어트를 시작했다. 2주간 계획을 잘 지킨 덕분에 체중이 약 1.5킬로그램 줄었다. 그런데 오늘 도저히 빠질 수 없는 저녁 회식이 잡혔다. 회식에 가기 전 반드시 조금

만 먹으리라 다짐하고 또 다짐했다. 그런데 그것이 쉽지 않았다. 오랜만에 먹는 한우 앞에서 나의 다짐은 무너졌다. 나도 모르게 자꾸 고기에 손이 갔다. 소주도 몇 잔 마셨다. 그러자 더 자제하기가 어려워졌다. 나의 젓가락은 열심히 불판과 입 사이를 오갔다. 배가 부른데도 동료들이 깍두기 볶음밥을 맛있게 먹는 모습을 보자 딱 한입만 먹어보자는 마음이 들었다. 그런데 그 한입을 먹고 나서 나는 자제력을 잃었다. 너무 맛있었기 때문이다. 볶음밥까지 먹고 나니 배가 터질 것만 같았다. 2차로 간 맥주집에서는 다이어트의 가장 큰 적이라고 알려진 맥주까지 마셨다.

누구나 한번쯤 경험해보았을 상황이다. 우선 2단계를 뛰어넘어서 3단계 결과를 먼저 보자. 두 가지 경우가 있을 수 있다. 하나는 나쁜 결과이고 하나는 좋은 결과이다. 먼저 나쁜 결과를 보자.

3단계 : 나의 비관적 생각 습관과 믿음에 의해서 생긴 나의 나쁜 감정과 행동 또는 결과

어제 나는 다이어트를 망쳤다. 기분이 우울하고 무기력해진다. 운동도 하기 싫다. 이제 다이어트는 포기다. 살이 더 찐 것 같다.

혹시 어디선가 많이 본 듯한 익숙한 결과인가? 이제 반대로 좋은 결과를 보자.

3단계 : 나의 낙관적 생각 습관과 믿음에 의해서 생긴 나의 바람직한 감정과 행동 또는 결과

오늘부터 더 열심히 다이어트를 하면 된다. 어차피 다이어트는 꾸준히 하는 것이다. 꾸준히 하는 자가 성공한다. 오늘도 운동하러 간다.

똑같은 사건을 겪었는데 결과가 전혀 다르다. 그 이유는 앞서 이야기했듯이 2단계가 완전히 다르기 때문이다. 즉 생각 습관과 믿음이 다르기 때문에 감정과 행동, 그리고 결과가 달라진 것이다. 도대체 2단계가 어떻게 달랐던 것일까? 다시 예로 돌아가 보자.

2단계 : 그 사건의 원인과 결과를 해석하는 나의 비관적 생각 습관과 믿음

다이어트를 하고 있는데 어제 너무 많이 먹었다. 나는 정말 의지가 약하다. 지난 2주간 노력한 것이 수포로 돌아갔다. 내가 뭔가 열심히 하려고 하면 꼭 방해 요인이 가로막는다. 그래서 계획대로 되는 일이 하나도 없다. 정말 나는 의지도 약하고 운도 없다.

어떤가? 이런 생각 습관과 믿음을 갖고 있다면 나쁜 감정과 행동으로 이어지는 것은 당연하다. 쉽게 무기력과 우울한 감정에 휩싸일 테고 운동에 대한 의욕도 떨어질 것이다. 그러다 마침내는 다이어트를 포기하게 된다. 이제 반대의 경우를 보자.

2단계 : 그 사건의 원인과 결과를 해석하는 나의 낙관적 생각 습관과 믿음

다이어트를 하고 있는데, 어제는 자제력을 잃고 너무 많이 먹은 것 같다. 그런데 어쩔 수 없었다. 오랜만의 회식이었고, 또 한우를 먹는 자리였으니까. 2주간 했던 다이어트의 효과가 많이 줄어들었을 것이다. 그러나 어제 저녁에 평소 식사의 3배가 넘는 칼로리를 먹었으니 오늘부터 좀 더 적게 먹고 열심히 운동하자. 3~4일 정도면 어제 초과한 칼로리는 모두 소모될 것이다. 다시 다이어트 시작이다.

이제 차이가 보이는가?

사람은 누구나 생각 습관을 갖고 있다. 나에게 생긴 좋지 않은 일을 해석하는 생각 습관이 비관적이냐, 낙관적이냐에 따라서 감정과 행동의 결과가 달라진다. 비관적 생각 습관들을 살펴보면, 나쁜 일의 원인을 분석하는 과정에서 그 원인을 지속성(시간적 차원)과 만연성(공간적 차원)으로 해석함을 알 수 있다. 비관적 생각 습관을 하나하나 따져보면 다음과 같다.

- '나는 정말 의지가 약하다' → 지속적이고 만연적 원인
- '지난 2주간 노력한 것이 수포로 돌아갔다' → 왜곡된 믿음
- '뭔가 열심히 하려고 하면 꼭 방해 요인이 가로막는다' → 지속적 원인

- '그래서 계획대로 되는 일이 하나도 없다' → 만연적 원인
- '정말 나는 의지도 약하고 운도 없다' → 지속적이고 만연적인 원인

이번에는 위 예의 낙관적 생각 습관을 하나씩 따져보자

- '어제는 자제력을 잃고 너무 많이 먹은 것 같다' → 일시적 원인
- '오랜만의 회식이었고, 한우를 먹는 자리였으니까' → 부분적 원인
- '2주간의 다이어트 효과가 많이 줄어들었을 것이다' → 합리적 믿음과 인정하기
- '오늘부터 좀 더 적게 먹고 열심히 운동하면 3~4일 정도면 어제 초과한 칼로리는 모두 소모될 것이다' → 합리적 믿음
- '다시 다이어트 시작이다' → 긍정적 감정과 결심

어떠한가? 만일 당신의 동료나 후배 또는 가족이 자신에게 생긴 일을 이런 식으로 부정적으로 해석한다면 당신은 어떻게 할 것인가? 그 사람의 생각이 잘못됐다고 조목조목 반박하지 않겠는가? 다음과 같이 말이다.

'나는 정말 의지가 약하다'

반박 의견 : "다이어트를 하는 도중에 한 번 과식했다고 그렇게 생각하는 건 좀 지나치지 않니? 네가 정말 의지가 약한 사람이라면 지금까지

어떻게 학교를 졸업하고 직장생활을 하고 있겠니? 그냥 어제만 의지가 약해졌을 뿐이지."

'지난 2주간 노력한 것이 수포로 돌아갔다'

반박 의견 : "한 끼 배불리 먹었다고 해서 지난 2주 동안 적게 먹고 열심히 운동한 효과가 다 없어졌을까? 체중은 다시 처음처럼 돌아왔을지 몰라도 2주 동안 근육량이 늘었을 테고, 그 근육이 한 번 과식했다고 줄어드는 건 아니잖아? 어제 먹은 음식 때문에 쌓인 칼로리도 앞으로 서서히 소모시키면 될 거야. 며칠 늦어질 뿐이지, 다이어트가 완전히 실패한 건 아니야."

'내가 뭔가 열심히 하려고 하면 꼭 방해 요인이 가로막는다'

반박 의견 : "정말 항상 방해 요인이 가로막았었나? 정말 살아오면서 항상 그랬다면 지금 이 자리에 있을 수 있을까?"

'계획대로 되는 일이 하나도 없다'

반박 의견 : "계획대로 되는 일이 하나도 없다고? 정말? 다이어트는 계획보다 조금 늦어졌을지도 몰라. 하지만 다른 일도 모두 계획대로 된 적이 없다고 생각하니? 지난 주말에 친구들과 놀러갔다 온 것도 다 네계획대로 된 것 아냐? 또 네가 자격증을 딴 것도 네 계획대로 된 것 아니니? 지금까지 살아오면서 했던 일들을 돌이켜보면 네 계획대로 된

것이 훨씬 더 많을 거야. 단지 네가 그런 것들은 기억하지 않고, 계획대로 안 된 것만 기억해서 그런 거야."

'정말 나는 의지도 약하고 운도 없다'

반박 의견 : "정말 네가 의지도 약하고 운도 없다고? 의지가 없는 사람이 그렇게 열심히 공부해서 취직시험에 합격할 수 있니? 그리고 운이 없다고? 정말 운이 없는 사람이었으면 지금까지 큰 탈 없이 살아 있을 수 있을까?"

문제는 자기 자신의 생각은 스스로 반박하기가 어렵다는 점이다. 그래서 연습과 훈련이 필요하고, 반박 훈련에 들어가기 전에 123기법이 먼저 훈련되어야 한다. 자신의 생각 습관을 파악해야 반박 훈련이 가능하기 때문이다.

아래 빈칸을 채워보자. 하루 동안 있었던 일 중에서 자신에게 나쁜 감정을 안겨준 일을 떠올려보자. 이제 그 나쁜 감정이나 행동 또는 결과를 3단계에, 그리고 그 원인이 된 안 좋은 일을 1단계에 적는다. 그리고 1단계가 3단계의 결과로 이어진 자신의 생각 습관과 믿음을 2단계에 적는다. 이런 과정을 여러 번 시도해보자. 하루에 5개 정도씩 며칠에 걸쳐 적어보면 좋다. 그렇게 기록한 것들을 자세히 들여다보면 자신의 생각 습관과 믿음을 인지할 수 있다.

1단계 : 나에게 생긴 안 좋은 사건

2단계 : 그 사건의 원인과 결과를 해석하는 나의 생각 습관과 믿음

3단계 : 나의 생각 습관과 믿음에 의해서 생긴 나의 감정과 행동 또는 결과

낙관성 훈련법 – 나의 생각 습관에 딴지 걸기

123기법을 통해서 자신의 생각 습관과 믿음을 인지했다면 이제 4, 5단계로 넘어갈 수 있다.

- 4단계 : 자신의 비관적 생각 습관과 잘못된 믿음에 대한 합리적이고 객관적인 반박
- 5단계 : 반박을 통한 긍정적 감정과 활력

앞의 예를 갖고 4단계와 5단계를 적어보면 다음과 같다.

4단계 : 자신의 비관적 생각 습관과 잘못된 믿음에 대한 합리적이고 객관적인 반박

다이어트를 하는 도중 한 번 과식했다고 스스로 의지가 약한 사람이라고 생각하는 것은 너무 지나치다. 어제는 너무 오랜만의 회식이었고 또 내가 좋아하는 한우를 먹게 되어서 순간적으로 의지가 약해졌을 뿐이다. 또 2주 동안 운동해서 생긴 근육이 한 번 과식했다고 줄어들지는 않을 것이다. 내일부터 하루에 200칼로리씩 더 줄이고 더 열심히 운동하면 내 몸 상태를 조만간 회식 이전으로 되돌릴 수 있다. 원래 다이어트는 꾸준히 하는 것이다. 그리고 내가 계획했던 일이 모두 다 가로막힌 것은 아니었다. 찬찬히 생각해보니 내가 계획했던 일들 중에 그

대로 잘 진행된 것도 매우 많았다. 그리고 운이 좋았던 적도 많은 것 같다. 내가 그런 일들을 잘 기억하지 못했을 뿐이다.

5단계 : 반박을 통한 긍정적 감정과 활력

이제 다시 다이어트를 시작하자. 어제 과식한 만큼 오늘부터 며칠간은 칼로리를 조금 더 줄여보자. 그리고 운동 시간은 조금 더 늘려보자. 그리고 다음에도 과식할 수밖에 없는 상황에 놓일 수 있으니 그럴 때 과식을 피할 수 있는 방법들을 더 찾아봐야겠다.

이제 정리해보자. 12345기법은 다음과 같은 차례로 자신의 생각 습관을 기록하는 것이다. 이런 훈련을 통해서 자신의 생각 습관을 인지하고 보다 낙관적인 생각 습관으로 바꾸어가는 것이 이 기법의 목적이다.

- 1단계 : 나에게 생긴 안 좋은 사건
- 2단계 : 그 사건의 원인과 결과를 해석하는 나의 생각 습관과 믿음
- 3단계 : 나의 생각 습관과 믿음에 의해서 생긴 나의 감정과 행동 또는 결과
- 4단계 : 자신의 비관적 생각 습관과 잘못된 믿음에 대한 합리적이고 객관적인 반박
- 5단계 : 반박을 통한 긍정적 감정과 활력

이제 당신의 실천만이 남았다. 꾸준히 연습하다 보면 생각 습관이
달라지고 감정이 긍정적으로 변화함을 느낄 수 있을 것이다.

'왜?'라는 질문으로 생각의 프레임 바꾸기

"내가 도대체 왜 이 일을 하고 있는지 모르겠어요."

만일 주위의 누군가 이렇게 말하는 사람이 있다면 그 사람은 자신의 업무에 집중하지 못하고 있는 것이 분명하다. 뿐만 아니라 업무와 관련된 스트레스 상황이 매우 심각해서 부정적 감정에 사로잡혀 있을 가능성이 매우 높다. 어쩌면 조만간 직장을 떠날 수도 있다.

많은 사람들이 일하면서 받는 스트레스 때문에 힘들어한다. 업무에 관련된 스트레스, 즉 '직무 스트레스'는 직업을 갖고 일하는 거의 모든 사람들이 겪고 있는 현실적인 문제다. 그래서 오래전부터 심리학뿐 아니라 경영학에서도 직무 스트레스에 대한 많은 연구들이 이루어졌다. 직무 스트레스는 내 연구 분야이기도 하다.

'회사우울증'을 앓고 있는 직장인이 77퍼센트나 된다는 통계가 말해주듯, 대다수의 직장인들이 직무 스트레스에 시달리고 있다. 어떻게 보면 당연한 일이다. 회사에서 급여를 받는 한 우리는 그 대가로 일을 해야 하고 주어진 책임을 피할 수 없기 때문이다.

때로는 업무가 너무 과중하기도 하고, 때로는 절대 하고 싶지 않은 업무일 수도 있지만 그래도 해야 한다. 성격이 이상하거나 제멋대로인 상사나 동료, 후배가 있다 해도 내 맘대로 관계를 끊을 수 없다. 매일 그들과 부대끼며 살아가야 한다. 성과에 대한 압박도 만만치 않고, 회사는 동료들끼리 경쟁하도록 부추긴다. 상황이 이러니 우울하지 않은 것이 오히려 이상할 정도이다. 누군가 '직장에서 행복할 수 있을까?'라는 질문을 한다면 모두 같은 대답을 할 것이다. '말도 안 되는 소리!'라고.

나는 연구 중 회사우울증을 앓고 있는 77퍼센트가 아닌 '회사우울증을 앓지 않는 23퍼센트'에 관심을 갖게 됐다. 정말 100명 중 23명은 회사에서 우울하지 않은 것일까? 어떻게 그것이 가능할까? 생각해보면 23명은 절대 적은 숫자가 아니다. 누구나 회사에 가면 힘들고 우울해진다고 생각하지만, 생각보다 꽤 많은 수의 사람들이 회사에서 전혀 우울하지 않다. 도대체 이 사람들은 어떤 공통점을 갖고 있는 것일까? 어떻게 직무 스트레스에 의한 부정적 감정을 이겨낼 수 있는 걸까?

그들은 어떻게 직장에서 행복할까

여러 가지 직무 스트레스 관련 연구들이 이 질문에 대한 답을 제시한다. 이제 그 답들을 하나씩 살펴볼 것이다.

직장인의 하소연을 다시 한 번 떠올려보자.

"내가 도대체 왜 이 일을 하고 있는지 모르겠어요."

이 말을 조금 바꾸어서 질문을 만들고 그 답을 찾는 순간 우리의 감정은 달라진다.

"내가 도대체 '왜' 이 일을 하고 있는 것일까?"

이렇게 우리가 하는 일에 '왜?'라는 질문을 던지고, 진정 마음속 깊이 내가 이 일을 하고 있는 이유를 떠올려보자. 아마도 여러 가지 생각이 들기 시작할 것이다. 이러한 질문은 지금까지 많이 생각해보지 않았던 '일에 대한 의미'를 떠올리게 하고, 우리가 힘든 상황에 빠졌을 때 큰 힘이 되어 돌아온다.

즉 우리가 일을 하면서 만나게 되는 스트레스 상황에서 '왜?'라는 질문에 답할 수 있다면 부정적 감정은 도전반응으로 바뀌기 시작한다. 그 이유는 이 질문이 스스로 하고 있는 '일의 의미'meaningfulness of job를 찾아내도록 이끌기 때문이다. 그것은 직무 스트레스를 바라보는 우리의 감정을 바꾸는 매우 큰 통찰의 시작이다.

성전을 짓고 있는 세 명의 석공에게 물었다. "지금 무슨 일을 하고 있나요." 첫 번째 석공이 대답했다. "나는 지금 돌을 자르고 있어요.

몇 년 동안 계속 지겹게 이 일을 하고 있어요." 두 번째 석공의 대답은 달랐다. "돌을 열심히 자르고 있지요. 덕분에 우리 가족들이 먹고살 수 있게 되었다오." 마지막 석공은 이렇게 말했다. "이 일은 성전을 짓는 일이라오. 앞으로 천년 동안 거룩한 빛을 발할 수 있는 대성전을 짓는 일에 참여해서 영광이지요."

비슷한 이야기가 현실에도 존재한다. 실제 하고 있는 일은 같아도 그 일을 왜 하고 있는지에 대한 답변은 사람마다 다르다. 일의 의미를 찾을 수만 있다면 직무 스트레스 상황은 우리에게 도전반응을 일으키며 더 건강한 성장을 이루는 밑거름을 만들어준다.

조관일 소장님은 나의 롤 모델이다. 일흔이라는 나이에 걸맞지 않은 젊은 외모에 유쾌한 위트와 유머를 가진 분이다. 농협의 임원을 지내고 강원도 부지사와 대한석탄공사 사장을 지낸 그분은 지금까지도 많은 강의와 방송활동을 하고 있다. 바쁜 생활 중에도 50권의 책을 펴낸 소장님은 여러모로 귀감이 되는 분이다.

소장님은 얼마 전 새로운 일에 도전장을 내밀었다. 매일 아침 7시 17분부터 25분까지 8분간 라디오 교통방송에서 생방송 전화 연결로 직장인들에게 도움이 되는 이야기를 들려주기로 한 것이다. 이 일은 여간 힘든 것이 아니다. 직장인들이 하루를 활기차게 살아갈 수 있도록 해줄 교훈이 담긴 원고를 하루 이틀도 아니고 매일 8분 분량을 만들어낸다는 것은 정말 고된 일이다. 아마도 나에게는 고문과도 같은 일일 것이다.

소장님은 매일 아침 일찍 일어나서 어제 적어놓은 원고를 수정하고 그걸 읽어보면서 발음 연습을 한다. 그리고 목소리가 잘 나올 수 있도록 물을 충분히 마시면서 성대를 관리한다. 그리고 정확히 그 시간에 생방송으로 8분 동안 인터뷰나 미니 강의를 한다. 방송이 끝나면 다음 원고를 위해서 다양한 책을 읽으면서 이야깃거리를 정리하고 준비한다.

매일 자신이 원고를 준비해 방송을 하려면, 분명 심한 심리적 압박감이 있을 것이다. 하지만 소장님은 이 일에 도전했다. 이미 고정 출연하는 방송이 있기 때문에 이 방송으로 큰 명예와 유명세를 얻는 것은 아니었고, 그렇다고 해서 엄청난 보수를 받는 것도 아니었다. 나는 소장님의 도전 이유가 궁금했다.

"처음에는 많이 망설였어요. 내가 매일 이 일을 해낼 수 있을까 걱정도 많이 되었고 거절하고 싶었죠. 그리고 피곤하게 꼭 이 일을 하지 않아도 살아가는 데 아무 지장이 없다는 생각이 들어서 더욱 하고 싶지 않았죠. 그런데 조금씩 다른 생각이 들기 시작했어요. 힘들고 어렵다는 생각에 이 일을 하지 않으면 당장은 좀 편안하겠지만 왠지 나의 존재감이 줄어드는 것 같은 느낌이 들었어요. 나이가 들수록 더 열심히 일하는 것이 중요한 이유가 바로 이런 점이에요. 그리고 또 이 기회에 책도 더 열심히 읽어보자는 마음도 생겼어요. 아마 이 일을 하지 않았다면 지금처럼 책을 많이 읽기 힘들었을 거예요. 그리고 내 방송을 통해서 젊은 직장인들이 하루를 시작하면서 마음가짐을 가

다듬을 수 있다면 그 또한 얼마나 좋은 일인가요?"

조관일 소장님은 어렵고 피곤한 일이지만 이 일을 왜 하고 있는지를 정확하게 설명했다. 스스로에 대한 도전과 성장, 그리고 다른 사람들에게 도움을 줄 수 있다는 데서 오는 보람이 그 이유였다.

소장님처럼 일하면서 만나게 되는 스트레스 상황을 도전과 성장의 기회로 삼으면서 도파민을 분비시키는 사람들의 공통점은 '일의 의미'를 정확하게 알고 있다는 점이다. 스스로 일의 의미를 깨닫고 몰두할 수 있는 사람은 직무 스트레스 상황에서도 부정적 감정에 휩싸이지 않고 보람과 행복을 느낀다.

이런 사람들이 찾은 일의 의미는 크게 두 가지 종류로 구분될 수 있는데, 이는 모두 본능과 관련되어 있다. 이제 그 본능들을 한 가지씩 살펴보자.

인정받고 싶은 본능 자극하기

사람의 가장 기본적인 본능 중 하나는 '다른 사람들에게 사랑받고 싶은 본능'이다. 이것이 직장에서는 '인정받고 싶은 본능'으로 연결된다. 또한 스스로 성장하고 발전하고 싶은 욕구도 마찬가지다. 사람은 다른 사람의 관심과 인정과 사랑으로 더 행복해진다. 인정받고 싶은 본능은 업무 때문에 받는 스트레스 상황을 다르게 해석하도록 이끄는 중요한 본능이다.

그러니까 내 앞에 닥친 일이 어렵고 힘들더라도 내가 그 일을 잘해 냈을 때 그에 대한 인정과 보수가 따라온다고 믿으면, 그 순간 스트레스는 '도전반응'을 불러일으키게 된다. 관련 연구들은 이러한 사실을 확실히 증명해준다. 사람은 누구든지 인정받기를 원하고, 특히 직장에서의 인정은 직장에서의 행복감과 연결된다.

인정받고 싶은 본능이 도전반응을 불러일으키기 위해서는 필요한 조건이 한 가지 더 있다. 그것은 내가 업무를 잘 해낼 수 있을 것 같은 믿음, 즉 '자기효능감'self-efficacy이다. 자기효능감은 자신감의 일종인데, 우리를 부정적 감정에서 빠져나오게 해주고 업무에 '몰입'할 수 있는 힘을 준다. 그런데 꼭 업무와 관련한 자기효능감만 이런 역할을 하는 것은 아니다. 업무와 관련 없는 다른 일에 대해서 자기효능감이 높은 사람들이 업무에서도 훨씬 더 긍정적 정서를 갖게 되는 경우가 많다.

고등학생 시절 틈만 나면 농구공을 들고 운동장으로 뛰어나가는 친구들이 있었다. 점심 시간을 이용해서 농구 좀 한다는 아이들이 모여 멋지게 한판을 벌인다. 그리고 오후 수업에 들어간다. 수업에 집중할 수 있을까? 몸은 매우 피곤한데 왠지 마음은 뿌듯하다. 자신이 좋아하고 잘하는 농구를 하고 나니 자기효능감이 스스로를 격려해 주기 때문이다. 그 순간에는 불안, 우울과 같은 감정은 멀어지고 공부를 해야겠다는 의욕이 생긴다. 노래를 잘 부르던 한 친구는 혼자서 목이 터져라 노래를 부르고 나면 다시 공부할 수 있는 힘이 생긴다고 했다. 자기효능감에 의해서 부정적 감정이 사라졌기 때문이다. 자기효능감은 우리의 감정을 바꾸어주는 중요한 역할을 한다.

이제까지의 이야기를 정리해보면 다음과 같다.

업무의 압박감 + 인정과 보상 그리고 자신의 성장에 대한 믿음 + 자기효능감 → 도전반응 → 긍정적 감정, 업무 몰입 → 성장, 성과

비록 업무에서 느껴지는 압박감과 스트레스 상황들이 존재하더라도 일을 통해서 더 인정받고 더 성장할 수 있다는 의미를 스스로 갖게 된다면 상황이 다르게 느껴지기 시작한다. 거기에 자신이 잘 해낼 수 있을 거라는 느낌, 즉 자기효능감이 더해진다면, 당신의 직무 스트레스는 오히려 당신에게 큰 도움을 주는 '도전반응'을 만들어줄 것이다. 그리고 긍정적 감정을 통해서 업무 몰입이 가능해지고, 개인의 성장과 조직의 성과를 만들어낼 수 있을 것이다.

즐거워 스스로 열일하게 만드는 비법

두 번째 '일의 의미'도 역시 인간의 본능과 관련된 것이다. 그 본능은 바로 '이타심'이다. 다른 사람에게 인정받고 사랑받고 싶은 마음과 함께, 다른 사람을 이롭게 해주고 싶은 마음 또한 인간의 본능이다.

심리학자들은 인간이 지닌 '이타심'이 어떻게 만들어지는가에 대

해서 오랫동안 연구해왔다. 그들은 점차 이타심이 인간의 본능에 가깝다는 결론에 도달했다. 이런 결론에 이르게 된 가장 큰 이유는 바로 인간의 본능인 '공감능력'과 '이타심'이 연결되어 있기 때문이다.

인간은 '거울신경세포'mirror neuron를 갖고 있다. 상대방의 감정을 감지하고 거울처럼 따라 하게 만드는 신경세포인데, 우리는 일상생활에서 거울신경세포의 작용을 쉽게 관찰할 수 있다. 아이들에게 숟가락으로 음식을 떠먹이는 엄마들을 관찰해보자. "아~" 하면서 숟가락을 가까이 가져가면 아기가 입을 벌린다. 그러면 엄마도 같이 입을 벌리며 아이의 입모양을 따라 하게 된다. 뇌 속에 거울신경세포가 작동하기 때문에 자신도 모르게 입이 벌어지는 것이다. 또 엄마가 웃으면 아기도 따라 웃는다. 이것도 마찬가지로 거울신경세포의 작용이다.

크리스천 케서스Christian Ketsers 박사는 다른 사람의 고통을 볼 때 뇌에서 어떤 변화가 일어나는지를 연구했다. 사람은 손가락을 베게 되면 뇌의 특정 부위가 활성화되면서 고통을 느끼게 된다. 그런데 실험 대상자들의 경우 다른 사람이 손가락을 베는 것을 보았을 때도 같은 부위의 뇌가 활성화됐다. '타인의 고통에 대한 공감'이 인간의 '이타심'으로 드러나는 것이다.

인간의 본능인 '이타심'이 '일의 의미'와 만나면 직무 스트레스 상황은 우리의 감정을 더 이상 나쁘게 만들 수 없다. 즉 자신이 하고 있는 일이 자신의 성장과 발전뿐 아니라 다른 사람에게도 도움을 주고 있음을 알고 있다면 직장에서의 '감정'은 완전히 달라진다.

강원도 춘천 남이섬에 가면 공원을 청소하는 청소부 K씨가 있다. 그의 별명은 '화가 청소부'이다. 그는 매일 빗자루를 들고 다니면서 공원을 청소한다. 가을에는 흩어진 낙엽을 쓸어내고 겨울에는 눈을 치우는데 그는 청소를 하면서 특별한 행동을 한다. 그냥 빗질을 하는 것이 아니라 바닥에 멋진 무늬를 만든다. 큰 하트 모양을 만들기도 하고 행운을 주는 네잎클로버를 만들기도 한다. 그의 빗질로 공원이 깨끗해질 뿐 아니라, 그가 만든 하트를 배경으로 사진을 찍는 관광객들도 많다. 그에게 왜 그 일을 하느냐고 물었다.

"여기를 찾아오는 손님들에게 더 재미있는 볼거리를 만들어주는 거예요. 그러면 손님들이 매우 즐거워하거든요. 어차피 쓸어서 버릴 낙엽들인데, 버리기 전에 이렇게 작품을 만들어서 한번 써먹고 버리니까, 얼마나 보람 있어요. 손님들도 재미있어하고요."

매일 공원을 청소해야 하는 K씨에게는 그 일이 재미있고 보람 있는 일이 됐다. 그의 작품에 즐거워하는 관광객들의 모습에 그 역시 행복감을 느낀다고 했다.

우리는 일을 하면서 스스로에게 자주 물어봐야 한다.

"나는 이 일을 왜 하고 있는 것일까?"

어렵고 고된 일을 만났을 때에는 반드시 물어봐야 한다.

"내가 이 일을 왜 해야 할까?"

이 질문에 스스로 답을 찾았을 때, 그 답이 앞에서 이야기한 '일의 의미'를 갖고 있다면 당신은 훨씬 더 열심히 몰입해서 그 일을 잘 해낼 것이다. 그리고 그 일은 더 이상 스트레스가 아닌 당신을 성장시켜 주는 원동력이 될 것이다.

긍정적 감정의 씨 뿌리기, 긍정 인셉션

레오나르도 디카프리오Leonardo Dicaprio가 주연으로 나왔던 〈인셉션〉이라는 영화가 있다. 다른 사람에게 특정한 어떤 생각을 심는다는 뜻의 '인셉션'이 영화가 아닌 현실에서도 가능할까? 물론 가능하다.

'인셉션'에서 한 걸음 더 나아가 긍정적 감정을 심어주는 '긍정 인셉션'이 가능하다면 더욱 좋지 않을까? '긍정 인셉션'은 많은 사람들이 일에 대한 부정적 스트레스를 줄이고 긍정적 감정을 가질 수 있도록 도와줄 것이다.

일에 대해 긍정적인 감정을 갖고 있는 당신이 가족과 동료들에게 이렇게 외쳤다.

"지금부터 우리 모두 다 같이 긍정적 감정을 가져봅시다!"

반응을 유도하기는커녕 공허한 외침으로 끝날 것이다. 다른 사람에게 긍정적 감정을 가지라고 강요한다고 그들이 긍정적 감정을 갖게 될 수는 없으니 말이다. 강요로 다른 사람의 감정을 긍정적으로 바꿔줄 수 없기에 '긍정 인셉션'이 필요하다. 다른 사람들의 잠재의식에 긍정적 감정을 심어주는 것이다.

얼마 전 방송에서 아주 재미있는 심리 실험을 보았다. 실험 장소는 농구코트였다. 어느 중년 여성이 농구코트에서 혼자 자유투를 던진다. 그녀의 직업은 약사이다. 농구를 해본 적이 거의 없기 때문에 공을 넣는 것이 쉽지 않다. 그녀에게 열 번의 기회가 주어졌지만 역시 한 번도 골을 성공시키지 못했다. 그때 한 남자가 다가와 그녀에게 다음과 같이 제안한다.

"지금 공을 한 번도 넣지 못했군요. 눈을 감고 연습하면 확실히 효과가 좋습니다. 한번 눈을 가리고 공을 던져보시겠어요?"

그녀는 반신반의하는 눈치다. 그때 수십 명의 사람들이 농구코트 주위로 모여든다. 그녀는 주변에 사람들이 많아져서 더 긴장된다. 사람들은 미소로 그녀를 응원한다. 크게 심호흡을 한 그녀가 눈가리개를 한 뒤 골대를 향해 힘껏 공을 던진다. 그 순간 사람들의 탄성과 박수가 터져 나왔다. 그녀는 깜짝 놀라며 눈가리개를 벗었다. 사람들이 그녀를 향해 환호하며 공을 넣은 것을 축하해주었다. 그녀는 믿을 수가 없다. '정말 내가 공을 넣은 것일까?' 당황하고 있는 그녀에게 남자가 다가와서 한 번 더 해보자고 한다. 우연이 아니라는 것을 보여주자며. 그녀는 다시 눈을 가린 채 힘차게 공을 던졌다. 그런데 이게 어떻게 된 일인가? 이번에도 역시 사람들의 환호와 박수가 터져 나왔다. 그녀는 자신도 모르게 어깨가 으쓱해졌다. '두 번이나 슛을 성공시키다니! 그것도 눈을 가린 채로!' 연습은 끝났다.

다시 자유투를 할 수 있는 열 번의 기회가 주어졌다. 그리고 그녀는 이전보다 훨씬 자신감을 갖고 공을 던졌다. 결과는 어떠했을까?

이번에는 열 번 중에 네 번을 성공시켰다. 엄청난 발전이다.

이미 눈치챘겠지만 사실 눈을 가린 두 번의 슛은 모두 골로 연결되지 않았다. 다만 수십 명에 이르는 사람들의 환호와 박수로 그녀가 골을 성공시켰다고 믿게 만들었다. 그 믿음은 자신감으로 연결되고 진짜 실력까지 향상시켰다. 이처럼 긍정적 생각을 심어주면 감정이 달라지고 결과도 달라진다.

이번에는 개인의 심리 실험이 아닌 실제 조직에서 검증된 '긍정 인셉션'을 살펴보자.

하버드대학의 숀 아커Shawn Achor 박사는 '긍정 인셉션'에 대해서 이렇게 말했다.

"긍정 인셉션은 개인적이고 감동적이며 의미가 깊은 이야기를 공유할 때 가장 효과가 좋다!"

그렇다. 사람을 변화시키고 생각을 바꾸기 위해서는 감정을 건드려야 한다. 이성적으로 호소하는 것은 감정에 변화를 주는 것만큼의 효과를 갖지 못한다. 그래서 긍정 인셉션을 위해서는 감동적 스토리가 필요하다.

이와 관련해서 와튼경영대학원의 애덤 그랜트Adam Grant 교수는 유통회사의 콜센터에 입사하게 된 사원들을 대상으로 실험을 했다. 연구진은 이 신입사원들을 세 그룹으로 나누었다. 첫 번째 그룹은 원래 계획되어 있던 신입사원 교육만 받았다. 두 번째 그룹은 추가로 회사 리더의 강의를 들었다. 그것은 콜센터 직원들에게 동기를 부여하기 위한 강의였다. 세 번째 그룹은 리더의 동기부여 강연에 더해 동료의 강연까지 들었다. 그 동료는 다른 부서에서 일하는 직원이었지만, 콜센터 직원들이 우리 회사 전체를 위해서 얼마나 중요한 일을 하고 있는지, 그리고 다른 부서의 직원들이 그들에게서 얼마나 많은 도움을 받고 있는지, 더 나아가서 회사의 성장에 그들의 역할이 얼마나 중요한지에 대해서 말했다.

일정 시간이 지난 후에 세 그룹이 이루어낸 성과를 확인했다. 먼저 기본적인 신입사원 교육만 받은 첫 번째 그룹은 46건의 판매와 3,700달러 이상의 매출을 올렸다. 추가로 리더의 동기부여 교육을 받은 두 번째 그룹은 151건을 판매했고 거의 1만 달러에 달하는 실적을 올렸다. 마지막 동료의 강연까지 들은 세 번째 그룹은 어땠을까? 놀랍게도 271건의 판매, 2만 달러 이상의 매출을 달성했다. 판매 건수와 매출이 거의 여섯 배 증가한 결과다.

이 결과에서 우리가 집중해야 할 사실은 두 가지다. 하나는 콜센터 직원들이 하는 일에 도움을 받는 수혜자가 존재한다는 것이고, 또 하나는 감동적 스토리가 있어야 한다는 것이다. 이것이 긍정 인셉션의 두 가지 조건이다. 동료가 직접 콜센터 직원들에게서 얼마나 도움을 받고 있는지를 진솔하게 이야기하자 그것은 콜센터 직원들에게 매우 감동적인 긍정의 에너지가 됐다. 그들의 머리가 아닌 가슴에 긍정의 씨앗이 심어졌다. 그들은 덕분에 '일의 의미'를 찾게 됐고 그 결과는 앞서 말한 대로다.

나쁜 스트레스를 좋은 스트레스로 만드는 마법

일하면서 받는 스트레스는 늘 나쁘다고만 여겨졌다. 직무 스트레스는 부정적 감정을 만들고 결국 일에 몰입하지 못하게 만든다는 연구들이 매우 많지만 모두에게 그런 것은 아니었다. 23퍼센트의 직장인들은 회사에 가도 우울하지 않은데, 그 이유는 스스로 하는 일에 대한 의미를 찾아가고 있기 때문일 것이다. 그런데 정말 일에 대한 의미를 찾는 순간 모든 직무 스트레스가 마법처럼 사라질까? 정말 그럴까?

이 문제를 연구하는 학자들이 있다. 사실 나도 그중 한 명이다. 최근 직무 스트레스에 대한 연구들은 그것을 '좋은 스트레스'와 '나쁜 스트레스'로 구분하기 시작했다. '좋은 스트레스'는 긍정적 감정을 만들어주고 일을 더 열심히 해나갈 수 있도록 해준다. 반면 '나쁜 스트레스'는 부정적 감정에 휩싸이게 만들고 일할 의욕을 빼앗아간다. 그렇다면 도대체 어떤 것이 '좋은 스트레스'이고 어떤 것이 '나쁜 스트레스'일까?

'좋은 스트레스'는 다소 벅찬 일을 해야 할 때, 또는 시간이 촉박한 일을 해야 할 때, 평소보다 많은 업무를 해야 할 때, 큰 책임이 주어질 때 등의 상황에서 만들어진다. 이들은 분명 우리를 긴장시키는 스트레스 상황이다. 그런데 '일의 의미'를 찾게 되면 달라진다. 비록 지금은 어렵고 힘든 상황이지만 이것을 잘 해내면 인정과 보상이 따라오고, 스스로 성장과 보람을 느낀다. 남들에게도 도움이 됨을 인지하고 거기서 일의 의미를 찾는 순간, 그 직무 스트레스는 '좋은 스트레스'가 된다. 그래서 '도전반응'을 불러일으킨다.

반대로 '나쁜 스트레스'는 불필요한 형식과 절차를 따라야 할 때, 사내 정치에 휩쓸릴 때, 줄서기를 강요받을 때 등의 상황에서 생겨난다. 이러한 스트레스는 개인의 발전과 성장에 전혀 도움이 안 될 뿐 아니라, 다른 사람을 도와주는 이타적인 일도 아니다. 이런 '나쁜 스트레스'는 분노, 의욕저하와 같은 무기력감을 불러오고 결국 '좌절반응'을 일으키게 만든다.

나는 경희대학교 경영학과 장영철 교수님의 도움을 받아 국내 직장인 약 400명을 대상으로 '좋은 스트레스'와 '나쁜 스트레스'가 어떤 영향을 미치는지를 연구했다. 이 연구의 시작은 일하면서 받는 직무 스트레스가 항상 나쁘지만은 않다는 믿음에서 시작되었다. 과거 수십 년간 진행된 국내외 직무 스트레스에 대한 연구들은 모두 나쁜 영향에 대한 연구가 주를 이루었다. 그러나 2000년대에 들어오면서 해외에서 새로운 관점의 연구들이 이루어지기 시작했다. 그중 대표적인 학자가 카브너Cavanaugh 박사다. 그는 처음으로 직무 스트레스의 두 가지 차원을 소개하였다. 하나는 업무에 도움이 안 되는 '나쁜 스트레스'였고, 다른 하나는 오히려 업무에 도움이 되는 '좋은 스트레스'였다. 그의 연구 이후에 유사한 여러 해외 연구들이 나오기 시작했다. 나는 이 연구 결과들이 국내의 직장인에게도 똑같이 적용될 수 있는지 궁금해졌다.

이 궁금증을 직접 해결하기 위해 국내에서 처음으로 직무 스트레스의 두 가지 차원에 대한 연구를 실시했다. 그리고 국내 직장인들을 대상으로 한 연구도, 해외의 연구와 거의 같은 결과를 보여주었다. 비록 직무 스트레스 상황이라 해도 스스로 '일의 의미'를 찾을 수 있다면 좋은 스트레스가 만들어졌다. 좋은 스트레스는 '도전반응'을 일으켜 일에 더욱 몰두하게 만들고 감정적으로도 훨씬 더 긍정적으로 변하게 했다.

물론 사람마다 차이가 있었다. 평소에 긍정적 감정을 갖고 있는 경우, 즉 더 낙천적인 경우에 이런 변화가 더 두드러지게 나타났다. 이 연구를 통해 알 수 있듯이 우리가 낙관성 훈련을 통해서 생각 습관을 바꾸고, 직무 스트레스를 받을 때 일의 의미를 찾아 그것을 좋은 스트레스로 바꿀 수 있다면 회사우울증을 상당 부분 줄일 수 있다. 그렇게 된다면 더욱 더 편안하고 활기찬 감정으로 직장생활을 해나갈 수 있을 것이다.

제3장에서는 좋은 감정반응을 만들어주기 위해서 생각 습관을 바꾸는 방법들을 알아보았다. 물론 타고난 성격을 바꾸는 것은 쉽지 않다. 하지만 가치관과 생각 습관을 조금씩 바꾸어나가다 보면, 우리의 감정반응도 좋은 방향으로 바뀔 수 있다.

'인정하기'는 우리의 삶을 바꾸는 중요한 가치관의 변화를 이끈다. 나의 잘못이 아니더라도 나에게 처해진 현실을 인정하는 것이 긍정적 감정반응으로 향하는 첫걸음이다. 그다음 '낙관성 훈련'을 통해서 나도 모르게 나의 머릿속을 지배하고 있었던 부정적 생각 습관을 알아차리고 조금씩 바꾸어나가야 한다. 이렇게 형성된 '현실적 낙관주의'는 내 삶을 건강하고 행복하게 만들어주는 초석이 된다.

직무 스트레스로 압박감을 느낄 때는 항상 스스로에게 질문을 던져야 한다. "내가 이 일을 왜 하는 것인가?" 그리고 스스로 '일의 의미'를 명확하게 찾아내는 순간 그 일에 대한 압박감은 도전과 성장으로 바뀐다. 그와 함께 '긍정 인셉션'을 통해서 주위 사람들과 더불어 성장하는 것도 가능하다.

물론 일의 의미를 찾을 수 없는 스트레스 상황을 만날 수도 있고, 내가 처한 환경에 대해서 '인정하기'가 어려울 때도 있을 것이다. 그럴 때조차도 건강한 감정반응을 유지하려면 어떻게 해야 할까? 평소에 좋은 생활 습관을 익혀두어야 한다. 같은 스트레스 상황이라도 몸으로 익혀둔 생활 습관의 차이에 따라서 감정반응이 완전히 달라질 수 있기 때문이다.

사람은 몸과 마음으로 이루어져 있다. 생각과 마음만으로 모든 감정을 조절할 수 없다. 몸이 감정에 미치는 영향도 무시할 수 없기 때문이다. 이제 스트레스 상황에서 더 좋은 감정반응을 할 수 있도록 평소에 익혀둬야 할 몸과 관련된 여러 가지 생활 습관들에 대해 알아보자. 이것들은 모두 의학적으로 증명이 됐고 또 내가 직접 효과를 본 방법들이다.

심리학에서는 긍정심리자본을 자기효능감, 희망, 낙관주의, 복원력 등 네 가지로 구분한다. 각 6문항씩 24문항으로 이루어진 아래 설문에 응답하는데, '전혀 아니다' 1점에서부터 '매우 그렇다' 5점까지 중 자신이 해당하는 점수를 체크해 합산해보자.

자기효능감

설문 내용	전혀 아니다 ↔ 매우 그렇다				
1. 나는 문제의 원인과 결과를 잘 분석하는 편이다.	1	2	3	4	5
2. 나는 회의 시간에 또는 다른 사람들에게 나의 의견을 자신 있게 말할 수 있다.	1	2	3	4	5
3. 나는 계획을 잘 짤 수 있다.	1	2	3	4	5
4. 나는 목표를 설정하고 일의 진행 상태를 확인할 수 있다.	1	2	3	4	5
5. 나는 문제 해결을 위해서 도움이 될 만한 사람들에게 자신 있게 도움을 청할 수 있다.	1	2	3	4	5
6. 나는 주변 사람들에게 도움이 되는 올바른 정보를 자신 있게 제공할 수 있다.	1	2	3	4	5

점수합계 : _____점

19~30점 : 높은 자기효능감

13~18점 : 중간 상태의 자기효능감으로, 노력이 필요한 상태이다.

6~12점 : 자기효능감이 낮으며, 향후 지속적인 노력을 통해서 점차
　　　　높여가야 할 필요가 있다.

희망

설문 내용	전혀 아니다 ↔ 매우 그렇다
1. 나는 어려운 상황에서 벗어나기 위해 여러 가지 방법들을 생각해낼 수 있다.	1　2　3　4　5
2. 나는 나의 목표를 열성적으로 추구하고 있다.	1　2　3　4　5
3. 어떤 문제든 그것을 해결하는 방법은 많다고 생각한다.	1　2　3　4　5
4. 나는 내 인생에서 나름대로 꽤 성공했다고 스스로 평가한다.	1　2　3　4　5
5. 나의 삶에서 나에게 중요한 것들을 얻는 방법을 생각해낼 수 있다.	1　2　3　4　5
6. 나는 스스로 설정한 목표를 따른다.	1　2　3　4　5

점수합계 : ＿＿＿＿＿＿＿＿점

22~30점 : 매우 희망적

14~21점 : 희망에 대한 노력이 필요한 상태이다.

6~13점 : 낮은 희망 상태로 향후 지속적인 노력을 통해서 점차 높여
　　　　 가야 할 필요가 있다.

낙관주의

설문 내용	전혀 아니다 ↔ 매우 그렇다				
1. 나는 일의 전망이 불확실할 때 보통 최선의 결과를 기대한다.	1	2	3	4	5
2. 나와 관련된 일에 문제가 생길 경우 그 일이 잘 안 될 것이라고 받아들이는 편이다.	5	4	3	2	1
3. 나는 항상 모든 일의 밝은 면을 보려고 한다.	1	2	3	4	5
4. 나는 나의 미래에 대해서 낙관적이다.	1	2	3	4	5
5. 내가 원하는 대로 일이 될 것이라고 거의 기대하지 않는다.	5	4	3	2	1
6. 나는 힘든 일이 있으면 좋은 일도 있을 것이라고 생각한다.	1	2	3	4	5

점수합계 : _____점

22~30점 : 높은 낙관성

14~21점 : 낙관성이 중간 상태로, 노력이 필요한 상태이다.

6~13점 : 비관적인 성향으로, 향후 지속적인 노력을 통해서 낙관성
을 높여가야 할 필요가 있다.

복원력

설문 내용	전혀 아니다 ↔ 매우 그렇다				
1. 나는 어려움이 닥치면 그것을 견뎌내고 극복하기가 어렵다.	5	4	3	2	1
2. 나는 보통 어려움을 겪을 때 다양한 방식으로 잘 대처한다.	1	2	3	4	5
3. 나는 필요하다면 혼자서 일을 처리할 수 있다.	1	2	3	4	5
4. 나는 보통 스트레스를 받아도 잘 극복한다.	1	2	3	4	5
5. 나는 과거의 경험을 바탕으로 힘든 일들을 잘 극복할 수 있다.	1	2	3	4	5
6. 나는 여러 일을 동시에 수행할 수 있다.	1	2	3	4	5

점수합계 : _____점

결과 해석

22~30점 : 높은 복원력

14~21점 : 복원력이 중간 상태로, 노력이 필요한 상태이다.

6~13점 : 복원력이 낮으며, 향후 지속적인 노력을 통해서 복원력을
　　　　높여가야 할 필요가 있다.

긍정심리자본 총 점수

85~120점 : 높은 긍정심리자본

53~84점 : 중간 상태

24~52점 : 낮은 긍정심리자본

※ 출처 : Luthans, F. & Avolio, B. et. al (2007) Positive psychological capital :
　　Measurement and relationship with performance and satisfaction. Personal
　　Psychology, 60(3), 541-572.

습관 하나 바꿨을 뿐인데,
인생 전체가 달라진다

마음 가는 데 몸이 가야 하는 이유

우리는 꽤 자주 스트레스 상황에 직면하고, 그 상황에서는 감정이 부정적으로 흐르기 쉽다. 때문에 앞 장에서 설명한 것처럼 긍정(인정하기)의 가치관을 가지려 노력할 필요가 있다. 또 낙관성 훈련을 통해서 생각 습관을 바꾸고, 일의 의미를 찾아나가야 한다. 이러한 노력들은 여러 가지 스트레스 상황에서 우리의 감정이 훼손되지 않도록 보호해주는 방법들이다.

그럼에도 우리의 감정을 부정적으로 몰아갈 수 있는 시련과 역경은 언제든지 찾아올 수 있다. 나의 잘잘못과 관련 없이 힘겨운 사건들이 휘몰아치기 시작하면 우리의 몸과 마음은 자기 의지와 달리 나락으로 떨어질 수 있다. 이를 막기 위해 필요한 공부가 있는데, 시련과 역경으로 인한 부정적 감정에 대비하기 위해 평소 몸과 마음을 잘 관리하는 것이다.

이러한 심신관리법들을 생활 습관으로 만드는 것이 중요하다. 평소에 좋은 음식을 먹고 꾸준하게 운동하는 것이 건강한 삶을 만들어주는 것과 같은 이치다. 몸과 마음의 관리를 통해서 감정을 조절해줄 수 있는 방법들이 많이 있으므로 그러한 방법들을 꾸준히 생활 습관으로 만들어서 실천해나가자. 부정적인 감정에 대비하는 큰 보험을 들어놓은 것과 같이 든든할 것이다.

몸과 마음은 서로를 대변한다

우리의 몸과 마음은 하나다. 따로 떼어놓고 생각하기 어렵다. 이를 보다 자세히 알아보기 전에 지금 이 글을 읽고 있는 독자들에게 다음과 같은 질문을 해본다.

"지금 감정 상태는 어떠한가?"

가장 부정적인 감정의 상태를 1점으로 하고, 가장 행복하고 긍정적인 상태를 10점으로 해서 점수를 매겨보자. 일단 점수를 정했으면, 그다음에 한 가지 질문이 더 있다.

"지금 당신의 몸의 상태는 어떠한가?"

매우 피곤하고 에너지가 완전히 빠진 상태를 1점으로 하고, 활력과 에너지가 넘치는 상태를 10점으로 하자.

몸 상태의 점수를 정했으면 감정 상태와 몸 상태의 점수를 비교해보자. 얼마나 차이가 나는가? 아마도 대부분의 사람들은 큰 차이가 없을 것이다.

이처럼 우리의 몸과 마음의 상태는 같이 올라가고 같이 내려간다. 만일 내일이 오랜만에 휴가를 떠나는 첫 날이라고 상상해보자. 저녁 늦은 시간이 되어도 피곤함을 덜 느낄 것이다. 기분이 들뜨면 피곤함을 모른다.

이와 달리 마음이 우울해지면 몸이 무기력해지는데, 우울증의 주요증상 중 하나가 무기력증이기도 하다. 그만큼 사람이라는 동물은 감정에 따라서 몸의 상태도 같이 변화함을 알 수 있다. 반대로 몸이 아프거나 피로해지면 감정 상태도 나빠진다. 몸이 힘든데 기분 좋고 즐거울 사람이 어디 있겠는가?

하지만 그렇지 않은 경우도 있다. 예를 들어 감정의 상태는 10점에 가까운데 몸의 상태가 1점에 가깝거나, 반대로 감정 상태는 1점에 가까운데 몸 상태가 10점인 경우이다. 물론 정상적인 상황은 아니다. 이는 특정 약물 때문일 수도 있고, 신체적인 다른 질환 때문일 수도 있다. 또는 가면우울증masked depression 과 같이 심리적 증상 없이 신체적 증상만 나타나는 경우도 이에 해당된다. 아무튼 이러한 특별한 경우를 제외하고는 대부분의 사람들은 몸과 마음의 상태가 같이 움직인다.

몸 따로 마음 따로일 때 생기는 문제

최근 들어서는 몸과 마음의 상태가 다르게 움직이는 특별한 경우의 사람들이 점차 늘어나는 추세다. 약물 복용이나 특별한 질환이 없음에도 자신이 감정적으로 스트레스를 받고 있다는 것을 모르고 사는 사람들이 있다. 감정 훼손에 대한 증상이 몸으로 나타나고 있는데 알아차리지 못하는 것이다.

심리적 압박과 스트레스를 받게 되면 우리 몸의 부신에서 코르티솔과 에피네프린 등의 호르몬을 분비하게 되고, 그 영향으로 여러 가지 증상이 나타난다. 자율신경의 조화가 깨지고, 대사기능의 변화가 생기면서 주요 영양소의 소모가 일어난다. 그러면서 아래와 같은 증상들이 생긴다.

- 두통
- 근육 뭉침과 근육통
- 역류성 식도염
- 기능성 소화불량
- 설사, 변비와 같은 대장 증상
- 감기에 자주 걸림
- 평소에 없던 알레르기가 잘 생김
- 입술 물집이 잘 생김

- 입안이 자주 헐고 입병이 잘 생김
- 쉬어도 피로가 풀리지 않음

만일 당신이 특별한 질병이 없는데도 위의 증상 중 네 가지 이상의 증상으로 고통 받고 있다면, 당신의 감정이 자신도 모르게 훼손되고 있다는 증거다. 즉 몸이 알려주는 신호다. 몸과 마음은 서로 긴밀하게 영향을 주고받으므로, 감정을 잘 관리하기 위해서는 몸에 대한 관찰도 필요하다. 그런 이유로 감정을 관리하기 위해 몸을 먼저 바꾸는 방법들도 많이 나오고 있다.

몸과 마음을 편하게 만들어주는 심신 이완요법

사람은 누구든지 마음이 긴장되면 자신도 모르게 몸도 함께 긴장된다. 긴장된 몸을 풀어주지 않고 그대로 두면 더 큰 문제가 생긴다. 긴장된 근육 때문에 감정이 더 나빠지기 때문이다.

근육과 감정은 어떻게 연결되나

만성피로와 스트레스로 진료실을 찾는 환자들은 유난히 근육이 뭉쳐 있는 경우가 많다. 특히 어깨나 목의 근육이 심하게 뭉쳐 있어서, 만져보면 아주 딱딱하게 굳어 있다. 그런데 꽤 많은 이들이 이렇게 뭉친 근육을 제대로 풀지 않고 살아간다. 그렇게 방치된, 뭉친 근육들은 여러 가지 증상을 만든다. 목 뒤가 뻣뻣해지면서 통증이 오고, 두통에도 자주 시달리며, 눈이 침침해지고 피로감을 빨리 느낀다. 그 이유는 뭉친 근육 사이로 지나가는 많은 신경과 혈관이 압박을 받기 때문이다. 이러한 현상이 오래 지속되다 보면 뭉친 근육 때문에 우리의 신경이 민감해지고, 민감해진 신경은 또다시 마음을 긴장시키고 예민하게 만든다. 결국 심리적 긴장을 더 심화시킨다. 이렇게 마음의 긴장은 몸의 긴장을 일으키고 다시 몸의 긴장이 마음의 긴장을 일으키는 악순환의 덫에 걸려버리고 만다.

심리적 긴장 → 몸의 긴장 → 근육 뭉침 → 신경 예민 → 심리적 긴장

미국의 생리학자이자 의사인 에드먼드 제이콥슨Edmund Jacobson 박사는 평생의 연구를 통해서 근육과 감정의 연결성에 대해 밝혀냈다. 제이콥슨 박사는 인간의 마음이 단지 두뇌의 작용에 의해서만 존재하는 것이 아니라고 주장했다. 그는 마음이 말초근육, 신경과 연결되어 있다고 주장하며, 그 사실을 증명하기 위해 생리학적 실험을 하였다. 실험 대상자에게 자전거를 타는 상상을 하도록 하면서 말초근육에 근전도 검사계를 연결하여 상태를 살펴보았더니, 자전거를 타는 상상만으로도 손과 팔, 다리 근육들의 수축이 일어나는 것을 확인할 수 있었다. 결국 근육과 마음은 연결되어 있으며, 근육을 이완

시키면 마음도 이완시킬 수 있음을 밝혀낸 것이다. 그는 여러 가지 연구를 통해서 이렇게 말했다.

"사람의 근육이 완전히 이완된 상태에서는 마음도 이완되어서 부정적 감정이 줄어든다."

몸과 마음이 편안하게 풀리는 3단계

많은 현대인들은 여전히 몸의 긴장을 풀지 못하고 살아가고 있다. 그와 함께 예민해진 신경으로 부정적 감정에 휩싸이기 쉬운 상태로 살아간다. 그래서 위에서 말한 악순환에 빠져들기 쉬운 것이다. 이 악순환의 고리를 깨뜨리기 위해서 생활 습관으로 만들어야 할 것이 바로 심신 이완요법이다. 심신 이완요법은 다음과 같이 3단계로 나뉜다.

- 1단계 : 스트레칭
- 2단계 : 심호흡
- 3단계 : 점진적 근육 이완법

먼저 스트레칭은 가장 쉽게 몸의 근육을 이완시킬 수 있는 방법이다. 목 주위의 근육들을 스트레칭하고 차례로 몸의 전체 근육들을 풀어주는 스트레칭을 실시한다. 하루에 약 10분이라도 시간을 내서 천천히 몸의 근육들을 풀어주면, 이 시간은 몸뿐 아니라 마음의 긴장도 풀어주는 중요한 시간이 된다.

그다음으로 심호흡을 천천히 해보자. 천천히 깊은 숨을 쉬게 되면 횡격막이 크게 오르내리면서 우리 몸의 부교감신경을 자극한다. 몸의 긴장이 풀림과 동시에 심리적 긴장도 완화시키는 매우 큰 효과가 있다. 아래의 내용을 순서대로 따라 해보자.

1. 의자에 앉거나 또는 바닥에 누워도 좋다. 편안한 자세로 몸의 모든 근육에 힘을 뺀다.
2. 한 손은 배에 대고 다른 한 손은 가슴에 댄 상태로 천천히 호흡을 시작한다.
3. 코로 숨을 크게 들이쉴 때 배가 풍선처럼 부풀어 오르는지 확인한다. 이때 어깨와 가슴은 큰 움직임이 없어야 한다.
4. 크게 들이쉰 숨을 천천히 입으로 조금씩 길게 내쉰다. 이때 부풀어 오른 배가 천천히 내려가는지 확인한다.
5. 숨을 다 내쉬고 난 후에는 자연스럽게 다시 숨을 천천히 크게 들이마신다.
6. 들이쉴 때는 약 3~4초, 내쉴 때는 더 천천히 6~8초 또는 그 이상의 시간이 소요되도록 하면 좋다.

이렇게 5~10회 정도 호흡을 하면서 힘을 빼보자. 어떤가? 몸의 긴장이 풀리면서 마음도 편안해질 것이다.

내 몸이 가벼워지는 근육 이완법

나는 많은 환자들을 진료하면서 종종 몸의 힘을 빼지 못하는 이들을 만났다. 그들은 열심히 심호흡을 하면서 힘을 빼려 하는데 잘 안 된다고 한다. 잠재의식 속에 늘 긴장해야 한다는 강박이 있다 보니 자신도 모르게 몸이 긴장해 있고, 어느새 습관이 된 것이다.

이런 사람들을 위해 힘을 쉽게 뺄 수 있도록 고안한 방법이 바로 제이콥슨 박사의 '점진적 근육 이완법'progressive muscle relaxation이다. 이는 발끝부터 머리끝까지 몸 전체 근육의 각 부분을 다 깊이 이완시켜주는 기법이다. 그냥 힘을 빼라고 하면 잘 안 되는 사람들에게, 반대로 '근육에 힘을 꽉 주게 하는 방법'이다. 약 5초간 최대한 힘을 꽉 주었다가 갑자기 숨을 내쉬면서 힘을 빼게 한다.

근육을 일부러 수축시켰다가 바로 긴장을 풀게 만드는 것을 반복함으로써 자신의 긴장 상태를 제대로 인식하지 못하는 사람들에게 근육 긴장이 어떤 감각인지 알게 만들어주는 것이다. 그렇게 되면 일부러 긴장을 풀게 만들었을 때도 여전히 남아 있는 약한 긴장까지 인식하게 된다. 이 과정을 반복하면서 점차 남아 있는 작은 긴장도 이완시켜보자.

구체적인 방법은 다음과 같으니 한번 따라 해보자. 다음의 각 단계를 실시하는데 긴장을 할 때는 약 5초 동안 그 긴장에 온전히 주의를 기울이고, 그다음 정반대로 이완시킨다. 이완은 약 10초 정도 실시한다.

1. 꼭 끼는 옷을 느슨하게 풀어주고, 편하게 누운 상태에서 눈을 감는다.
2. 다리는 힘을 빼고 발과 발가락을 동시에 약 5~8초간 긴장시킨 후 약 10초간 완전하게 이완시킨다.
3. 발가락을 머리 쪽으로 젖히면서 긴장시켰다가 이완시킨다.
4. 다리를 곧게 펴고 무릎을 고정시킨 후 무릎 위 다리의 앞부분에 있는 넓적다리 근육을 긴장시켰다가 다시 이완시킨다.
5. 발꿈치의 뒤를 밑으로 눌러서 긴장시킨 후 다시 이완시킨다.
6. 두 무릎을 모아서, 무릎 위에 있는 다른 근육 부위들을 긴장시킨 후에 다시 이완시킨다.
7. 골반 근육을 수축시키면서 엉덩이 근육들을 함께 모아 힘을 주어 긴장시킨 후에 다시 이완시킨다.
8. 위가 공이라고 생각하고 그 공을 수축시켜 등뼈 쪽으로 당긴다고 상상하면서 위장 근육을 긴장시킨 후에 이완시킨다.
9. 등을 활 모양으로 부드럽게 천천히 굽히면서 어깨와 엉덩이를 바닥에 닿게 하고 가슴을 턱 방향으로 끌어올린다. 그래서 등 근육을 긴장시킨 후에 다시 이완시킨다.

10. 아래쪽 등 근육들을 바닥에 대고 압박하면서 긴장시킨 후에 다시 이완시킨다.

11. 팔을 몸에 꼭 붙인 채 어깨를 아래쪽으로 당긴다. 그렇게 하면서 팔 뒤쪽의 근육과 가슴을 긴장시킨 후에 다시 이완시킨다.

12. 어깨를 으쓱하면서 귀 쪽으로 당기며 목과 어깨를 긴장시킨 후에 다시 이완시킨다.

13. 손바닥이 바닥을 향하게 놓은 상태에서 손목을 위로 접어서 손등이 머리 쪽으로 향하게 한다. 그렇게 팔뚝 윗부분을 긴장시켰다가 다시 이완시킨다.

14. 말의 고삐를 잡아당기는 것처럼 주먹을 꽉 쥐고 어깨쪽으로 당기면서 주먹, 팔뚝, 이두박근을 긴장시켰다가 다시 이완시킨다.

15. 머리를 오른쪽 어깨를 보는 것처럼 천천히 돌리면서 목 주위 근육을 긴장시켰다가 다시 이완시킨다. 왼쪽으로 또 한 번 반복한다.

16. 정수리가 바닥에 닿도록 천장을 향해 턱을 쳐들면서 목과 머리가 만나는 부위를 긴장시켰다가 다시 이완시킨다.

17. 눈썹을 치켜뜨고 이마에 주름이 지게 하면서 머리의 앞부분과 이마의 근육들을 긴장시켰다가 다시 이완시킨다.

18. 눈을 꼭 감고 눈썹에 힘을 줘서 코에 주름이 지게 한다. 그렇게 얼굴 근육을 긴장시켰다가 다시 이완시킨다.

19. 최대한 입 가장자리를 밑으로 당기고 얼굴을 찡그리면서 턱과 목 주위의 근육을 긴장시켰다가 다시 이완시킨다.

20. 아랫입술을 물어서 턱 근육을 긴장시켰다가 다시 이완시킨다.

21. 입을 최대한 크게 벌려 웃으면서 광대뼈 주위의 근육을 긴장시켰다가 다시 이완시킨다.

스트레칭, 심호흡, 점진적 근육 이완법은 근육의 긴장을 풀어줄 뿐 아니라 감정조절에도 아주 큰 도움이 되는 방법이다. 자기에게 맞는 방식으로 각각의 방법들을 적절하게 섞어가면서 실시해보는 것도 좋다. 이것이 몸에 배어 습관이 되면 감정조절에도 탁월한 효과가 있다.

감정조절, 음식으로도 가능하다

몸과 마음은 늘 같이 움직인다. 스트레스를 받으면 몸이 피로해지고, 몸이 안 좋아지면 정신적으로도 지친다. 그 과정에서 스트레스에 의한 몸의 변화가 생기는데, 영양 상태에 따라서 사람마다 스트레스에 대한 반응이 달라질 수 있다. 바꿔 말하면 영양을 보충함으로써 스트레스가 주는 안 좋은 영향을 줄일 수 있다는 말이다.

약방의 감초, 마그네슘

먼저 스트레스에 의한 몸의 반응 중 가장 대표적인 것이 호르몬의 변화이며, 그에 따라서 여러 가지 대사 작용도 달라진다. 그 과정에서 빨리 소모되는 영양소들이 있는데, 그중 대표적인 영양소가 마그네슘magnesium이다.

마그네슘은 그 중요성이 아직 잘 알려져 있지 않은 편이다. 기능의학을 처음 공부할 때 마그네슘에 대해 알아가면서 그 매력에 흠뻑 빠졌고, 지금도 진료 현장에서 가장 많이 처방하는 영양소 중 하나다. 마그네슘은 세포 안에서 일어나는 수백 가지의 화학반응이 원활하게 일어나도록 돕는다. 마그네슘은 웬만한 화학적 세포대사에서 절대 빠져서는 안 되는 '약방의 감초' 같은 존재다.

굉장히 많은 역할을 하지만 대표적인 두 가지를 꼽는다면 다음과 같다. 먼저 세포에서 에너지를 만들 때 필수적인 역할을 하고, 근육을 편안하게 이완시켜주는 역할을 한다. 즉 스트레스를 많이 받으면 마그네슘이 급격히 저하되어 결국 에너지가 떨어지고 근육이 굳어진다. 신경을 많이 쓰거나 스트레스를 받은 날은 더 피로하고 목 뒤 근육이 뻣뻣해지면서 어깨가 무거워지는 이유가 바로 이 때문이다. 이러한 상태에서 빨리 벗어나지 못하면 근육통과 두통으로 연결되기도 한다.

그렇게 되면 신경이 예민해지고 결국 또 정신적 스트레스가 증가하면서 근육이 더 뭉치고 더 피로해지는 악순환에 빠진다. 이러한 악순환의 고리를 끊어내고 심신의 에너지를 증가시키기 위해서는 심신 이완요법과 함께 마그네슘을 보충하는 게 좋다.

여러 자료에 의하면 마그네슘은 실제로 많은 현대인들에게 부족한 영양소라고 한다. 마그네슘이 많이 들어 있는 음식을 자주 챙겨 먹는 것이 필요한데, 가장 대표적인 음식은 다시마다. 그뿐 아니라 견과류, 대두, 곡류 등에도 많이 함유되어 있다. 곡류의 마그네슘은 도정 과정에서 많이 소실되므로 되도록 통곡류가 좋다.

예민한 신경을 다스려주는 오메가3지방산

두 번째로 강조하고 싶은 영양소는 오메가3지방산omega-3 fatty acid이다. 우리는 흔히 오메가3지방산은 혈관 건강을 위해서 먹어야 한다고 생각한다. 물론 맞는 말이지만, 오메가3지방산의 진가는 더 광범위하게 발휘된다.

평소 스트레스를 가장 많이 받는 직업군을 조사한 적이 있는데, 리스트 상위권에 런던의 택시기사들이 있었다. 런던은 도로가 복잡하고 교통체증이 심해서 택시기사들이 많은 스트레스를 받으면서 일하고 있다고 알려져 있다.

이 사람들을 대상으로 스트레스 호르몬인 코르티솔 수치를 검사했더니 상당히 높은 상태였다. 이후 그들에게 약 6주간 오메가3지방산이 풍부한 식사를 제공했다. 그리고 똑같은 일을 하는 상태에서 다시 코르티솔 수치를 측정했다. 결과는 놀라웠다. 오메가3지방산을 충분히 먹고 나서는 그 수치가 확연하게 감소했기 때문이다.

무슨 이유 때문일까? 알고 보니 오메가3지방산과 같은 불포화지방산은 신경세포의 막을 구성하는 요소로 사용되는데, 덕분에 신경이 안정되었다. 즉 예민한 신경의 상태를 덜 예민하게 해주는 효과가 나타난 것이다. 이에 근거해 신경이 예민한 증상을 갖고 있는 주의력결핍과잉행동장애ADHD, Attention Deficit Hyperactivity Disorder 환아들을 대상으로 오메가3지방산과 유사한 불포화지방산을 충분히 섭취시키는 연구를 했다. 그 결과 예민한 신경 증상들이 확연하게 감소된 것으로 나타났다. 이 외에도 오메가3지방산의 유용성은 무수히 많아다 열거하자면 훨씬 더 많은 지면을 사용해야 한다.

이쯤 되면 독자들도 감을 잡았을 것이다. 스트레스로부터 우리의 몸과 마음을 지켜내는 방법들은 여러 가지지만, 그중 음식이 얼마나 중요한 역할을 하는지 말이다. 특히 오메가3지방산은 빠뜨릴 수 없는 필수적인 영양소다.

오메가3지방산이 가장 많이 들어 있는 음식은 생선으로, 연어, 꽁치, 정어리, 고등어 등을 들 수 있다. 평소 생선을 많이 먹는 습관을 가진 사람들은 굳이 오메가3지방산 보조제를 따로 먹지 않아도 된다. 식물성 식품인 아마씨와 들깨에도 오메가3지방산이 풍부하다. 또한 카놀라유와 들기름에도 많이 들어 있으므로 자주 먹는 것이 좋다.

물론 식물성 식품은 오메가3지방산 이외에도 식이섬유가 풍부해 또 다른 측면에서 건강에 이득이지만, 오메가3지방산의 함량으로만

따진다면 식물성 식품보다는 동물성 식품이 월등히 높다. 그러니 한 가지 음식을 편식하기보다 여러 음식을 골고루 먹는 것이 좋다. 만일 생선을 자주 먹기 어려운 상황이라면 오메가3보조제를 섭취하는 것도 도움이 된다.

항스트레스 영양소, 비타민C

스트레스에 대한 저항력을 길러주는 영양소로 비타민C를 빼놓을 수 없다. 비타민C는 그 효능이 워낙 잘 알려져 있으므로, 여기서는 비타민C의 수많은 효능들 중에서 부신의 기능을 지지해주는 데 집중해보자.

부신은 신장 바로 위에 위치하는 기관으로, 인간의 생존에 있어서 매우 중요한 호르몬들을 분비한다. 크기는 성인의 엄지손가락만 하고 우리 몸의 모든 세포가 기능을 유지하는 데 필수적인 호르몬인 코르티솔과 여러 가지 카테콜라민catecholamine을 분비한다.

사람이 심리적 스트레스를 심하게 받으면 이 호르몬들의 분비가 필요 이상으로 증가하면서 여러 가지 증상들이 나타난다. 심장박동이 빨라지고, 땀이 나며, 심리적 불안이 생기기도 한다. 그뿐 아니다. 이상하게 단 음식이나 밀가루 음식이 먹고 싶어지기도 하고, 소화 기능이 저하되기도 하며, 근육이 잘 뭉치면서 긴장성 두통이 생기기도 한다. 이때 스트레스 상황이 해소되지 않은 채 이러한 상태가 지속되다 보면 결국 과도한 활동으로 부신도 지쳐버리게 된다. 그러면서 점차 부신의 기능이 떨어지고 그다음에는 더 심한 에너지 고갈 상태로 연결된다. 결국 만성피로의 늪으로 빠져들고 만다.

그렇게 되면 몸과 마음의 에너지는 완전히 빠져나가서 의욕은 사라지고, 무기력한 상태가 된다. 심리적으로도 아주 불안정하게 되어서 계속 불안함을 느끼거나 짜증이 잘 나고, 우울 증상이 나타기도 한다. 당연히 '행복'이나 '성공'과는 거리가 멀어지게 된다.

이러한 상태가 되는 것을 예방하기 위해서는 평소에 부신의 기능을 잘 지켜야 한다. 스트레스를 관리하는 다른 방법들도 중요하지만, 부신을 지키기 위해서는 핵심적인 영양소인 비타민C 섭취가 매우 중요하다. 이런 이유로 많은 영양학자들은 비타민C를 '항 스트레스 비타민'이라고도 부른다. 스트레스에 시달리는 모든 사람들이 꼭 챙겨 먹어야 할 영양소다.

행복한 사람은 잠꾸러기

현대인들은 대체로 충분한 수면을 취하지 못하고 있으며, 수면의 양뿐 아니라 질적인 측면에서도 상당 부분 상태가 좋지 않은 편이다. 얼마 전 어느 기업의 임원들을 대상으로 한 강의를 맡게 되었는데, 임원들에게 적합한 맞춤 강의를 준비하는 과정에서 상당수가 수면 문제를 겪고 있다는 사실을 알게 되었다. 대개의 경우 수면 부족으로 인한 피로를 호소했으며, 깊고 편안한 잠을 잘 수 없다고 말하는 사람들도 매우 많았다. 상당한 수의 사람들이 숙면을 통한 피로 회복이 이루어지지 않아서 업무 처리뿐 아니라 감정적으로도 매우 어려운 상황에 처해 있었다.

많이 자는 것에 대한 죄책감 버리기

사실 잠을 잘 못 자면 건강이 나빠지는 것은 당연하다. 그런데 그뿐만이 아니다. 수면 부족은 감정과도 아주 밀접한 관련이 있다. 실제 많은 환자들에게 나타나는 현상을 봐도, 잠을 잘 못 자는 것은 불안장애를 가진 사람들의 일반적 증상이라고 해도 과언이 아니다.

한 조사에 의하면 수면이 부족한 사람들은 그렇지 않은 사람들에 비해서 무력감을 느낄 확률이 7배 더 높았고, 외로움을 느낄 확률은 5배 더 높았다. 델라웨어대학교 심리학자인 브래드 윌개스트Brad Wolgast는 우울증이나 불안장애를 보이는 사람들의 80~90퍼센트는 알고 보면 수면장애를 겪고 있다고 말한다. 그 이유는 수면 자체가 정서적 스트레스를 줄여주는 데 아주 중요한 역할을 하기 때문이다.

혹시 이런 이야기를 들어본 적 있는가? "잠을 푹 자고 나니까 스트레스가 풀린다." 이러한 현상이 가능하다는 연구결과가 있다. 캘리포니아대학 연구팀은 정서적으로 스트레스반응을 일으킬 수 있는 여러 이미지들을 실험 대상자들에게 보여주었다. 그리고 그 사람들을 두 그룹으로 나누어서 한 그룹은 수면을 취하도록 했고, 다른 그룹은 수면에 들지 못하게 했다. 12시간 후에 다시 그러한 이미지들을 보여주면서 두 그룹의 차이를 측정했다. 그 결과, 수면을 취한 그룹에서 스트레스반응이 덜 나타났다. 즉 이 연구를 통해 수면이 감정을 잘 처리하도록 도와주고 감정을 조절하는 데 도움을 준다는 결론을 얻을 수 있었다.

이처럼 수면 부족은 신체 건강뿐 아니라 감정에도 나쁜 영향을 미치고 있음이 틀림없다. 그런데도 우리의 사회적 분위기는 수면 부족을 부추긴다. 실제로 열심히 일하는 많은 현대인들이 잠을 많이 자는 것에 대해 죄책감을 느낀다. 하지만 안타깝게도 수면 부족은 오히려 성과를 떨어뜨리고, 판단력을 흐리게 한다.

수면 부족 상태는 음주 상태와 같다

2016년 맥킨지 보고서에 따르면, 많은 리더들이 잠을 제대로 안 자서 결국 조직에 손해를 끼치고 있었다. 수면 부족 상태에서는 사고 능력과 문제 해결 능력이 매우 떨어지고, 이것이 큰 실수로 이어진다는 것이다.

잠에서 깨어나서 17~19시간이 지나면 우리의 정신 상태는 혈중 알코올 농도 0.05퍼센트의 상태와 같아진다. 우리나라 음주운전 규정에 의하면 혈중 알코올 농도 0.05~0.1퍼센트 상태에서 운전할 경우, 300만 원 이하의 벌금이나 6개월 이하의 징역에 처할 수 있다. 즉 아침 6시에 기상했다고 가정할 경우, 밤 11시가 되면 이러한 정신 상태가 된다는 의미다. 그리고 새벽 2시가 되면 혈중 알코올 농도 0.1퍼센트의 상태가 된다. 음주운전에 대입해서 본다면 6개월 이상 1년 이하의 징역 또는 벌금 300만 원 이상 500만 원 이하의 처벌을 받는다.

한마디로 말해 그만큼 잠은 우리에게 필수적 요소이며, 수면 부족에 시달리는 것이 상당히 위험하다는 의미다.

인생의 3분의 1은 잠을 자야 한다. 그래야 더 건강하고 행복하게 살 수 있다. 그러니 이제부터 잠을 많이 자는 것에 대한 죄책감을 버리자. 어쩔 수 없이 잠을 적게 자야 하는 환경이라면 더 깊이 자는 숙면이 필요하다. 물론 필요 이상으로 잠을 많이 자는 것도 좋지는 않다. 중요한 건 무조건 많이 자는 게 아니라 적당량의 잠, 양질의 잠을 자는 것이다. 적은 시간을 자더라도 양질의 잠은 우리의 몸과 마음의 피로를 더 잘 풀어줄 수 있다. 수면 질의 좋고 나쁨은 수면 상태의 뇌파검사로 정확하게 알 수 있다. 즉 깊은 수면 단계까지 들어가서 지속되는 시간이 전체 수면 시간 중에 차지하는 비율이 크다면 질 좋은 수면이라고 볼 수 있다.

숙면을 위해 어떤 방법들이 필요한지 알아보기 위해서 먼저 아래 설문을 통해서 각자 수면의 질을 측정해보자.

피츠버그의 수면의 질 지수 측정법

최근 한 달 동안, 자신의 수면 상태와 수면 습관을 살펴보기 위한 설문이다. 아래 항목 중 해당하는 난에 체크한 후 점수를 모두 합해보자.

수면 습관 체크하기	전혀 없음	0~1회	1~2회	3회 이상
1. 지난 한 달 동안 잠자기 힘들 때가 있었나요? 얼마나 자주 있었나요?	0	1	2	3
2. 수면 상태가 나쁜 이유는 무엇인가요?				
(1) 30분 이내에 잠들기 어렵다.	0	1	2	3
(2) 한밤중이나 새벽에 자주 깬다.	0	1	2	3
(3) 화장실에 가려고 자주 깬다.	0	1	2	3
(4) 수면 중 숨 쉬는 것이 불편하다.	0	1	2	3
(5) 수면 중 기침이 나거나 코 고는 소리가 시끄럽다.	0	1	2	3
(6) 수면 중 너무 춥다.	0	1	2	3
(7) 수면 중 너무 덥다.	0	1	2	3
(8) 수면 중 통증을 느껴서 자주 깬다.	0	1	2	3
(9) 기타 다른 이유로 자주 깬다.	0	1	2	3
3. 지난 한 달 동안 잠자기 위해서 약을 먹은 적이 있나요? 있다면 얼마나 자주 먹었나요?	0	1	2	3
4. 지난 한 달 동안 운전, 식사 또는 사회 활동 중에 얼마나 자주 졸음을 느꼈나요?	0	1	2	3
	매우 좋음	좋음	나쁨	매우 나쁨
5. 지난 한 달 동안 업무에 집중이 잘 되었나요?	0	1	2	3
6. 지난 한 달 동안 전반적인 수면의 질을 평가해 주세요.	0	1	2	3

만일 당신의 점수가 5점 이하라면 당신은 매우 편안한 숙면을 취하고 있을 것이다. 그렇다면 당신의 감정도 나쁘지 않을 가능성이 높다. 불안이나 우울과 같은 부정적 감정에 사로잡히면 숙면을 취하기 매우 어렵기 때문이다. 이처럼 감정과 수면은 매우 밀접한 관계를 가진다.

만일 당신의 점수가 10점 이상이라면 당신의 수면은 매우 불량한 상태이다. 그 이유가 무엇 때문인지 수면 전문의의 진료를 통한 확인이 필요하겠지만 어쨌든 불량한 수면으로 인해서 당신은 신체적, 감정적으로 나빠지기 쉬운 상태다. 한마디로 말해서 잠을 잘 자고 일어나면 기분이 좋아진다. 반대로 잠을 잘 못 자면 예민해지고 기분이 나빠진다.

질 좋은 숙면을 보장하는 다섯 가지 방법

우리 몸과 마음의 건강을 위해 잠을 잘 자는 것이 중요함을 살펴보았다. 그렇다면 숙면을 취하기 위한 방법들에는 어떤 것이 있을까? 크게 다섯 가지로 정리할 수 있다.

첫째, 침실의 환경을 바꿔라!

둘째, 잘 먹어야 잘 잔다!

셋째, 숙면을 위한 몸을 준비하라!

넷째, 숙면을 위한 마음을 준비하라!

다섯째, 수면 루틴을 만들어라!

침실의 환경을 바꿔라

최근에 밝혀진 달갑지 않은 사실이 있다. 사람은 수면 중에 아주 약한 빛에 노출되는 것만으로도 뇌기능이 나쁜 영향을 받는다고 한다. 이 연구는 젊은 남성 20명을 대상으로 했다. 먼저 빛을 완전히 차단한 상태에서 잠을 자게 했고, 3일째에는 아주 약한 빛에 노출된 상태에서 잠을 자게 했다. 그리고 낮 시간 동안 뇌기능을 확인해본 결과, 잠잘 때 비추는 10럭스lux 정도의 빛이 뇌기능에 나쁜 영향을 끼쳤다. 10럭스 정도면 겨우 물체를 인식할 정도의 빛인데도 말이다.

사실 우리들의 침실은 빛 공해로 가득 차 있는 경우가 많다. 창 밖에서 들어오는 희미한 빛은 물론이고 방에 있는 전자기기가 뿜어내는 빛들이 있는 상태에서 그냥 잠을 청하는 경우가 많다. 이러한 환경은 결국 숙면을 방해한다. 빛을 최대한 차단할 수 있는 방법을 마련해야 하는데, 암막커튼과 수면 안대 등이 도움이 된다.

스마트폰이나 컴퓨터 등의 전자기기는 최소한 잠들기 30분 전부터는 사용하지 말 것을 권하고 싶다. 스마트폰이 뿜어내는 블루라이트는 숙면에 도움이 되는 멜라토닌이라는 호르몬을 억제한다. 그 결과 잠을 깊이 못 자게 만든다. 그러므로 잠들기 30분 전부터는 빛을 내는 전자기기를 침실 밖으로 빼놓아라. 그것이 가장 좋은 방법이다.

그다음에는 침실의 온도를 조절하자. 잠자기 가장 좋은 온도는 15.5~19도 사이로 알려져 있다. 실제로 24도 이상으로 올라가거나

12도 이하로 떨어지게 되면 잠을 잘 자기가 어려워진다. 특히 한여름 밤에 에어컨을 틀어놓고 너무 서늘하게 만드는 것은 좋지 않다. 숙면에 방해가 되는 건 물론이고 냉방병에 걸릴 수 있기 때문이다. 너무 덥지 않은 약간 서늘한 상태가 잠자기 가장 좋은 상태다. 물론 사람마다 약간의 차이는 있으므로 미세한 조정은 필요하다.

잘 먹어야 잘 잔다

잘 먹으라는 말은 결코 많이 먹으라는 말이 아니다. 우리가 먹는 음식과 수면은 꽤 깊은 관계가 있다. 그러니 수면에 좋은 음식은 잘 챙겨 먹고, 수면에 방해가 되는 음식은 피해야 한다. 그렇다면 정말 잠을 잘 자게 하는 음식이 있을까?

사실 음식이 숙면을 가능케 한다는 직접적인 연구는 거의 없다. 그러나 마그네슘이나 칼슘calcium, 비타민B6vitamin B₆, 섬유소와 같은 영양소는 수면에 도움이 된다고 알려져 있다. 또 멜라토닌의 원료가 되는 트립토판tryptophan이라는 아미노산amino acid도 도움이 된다.

대표적인 음식으로 견과류, 따뜻한 우유 그리고 치즈 등을 들 수 있다. 이 음식에 들어 있는 칼슘 성분이 멜라토닌을 만드는 데 도움을 준다. 신선한 야채와 닭고기나 생선에 있는 단백질도 좋다. 상추, 바나나, 마늘, 양파도 심신 이완에 도움이 된다고 알려져 있고, 카모마일이나 대추차 등도 수면에 도움이 된다고 한다. 이러한 음식들은 우리의 몸과 마음의 이완에 도움이 되기 때문에, 잠을 잘 자는 데도 분명 도움이 된다.

그러나 어떤 음식을 먹어야 잠을 잘 잘 수 있는가 하는 것보다 더 중요한 것은 어떠한 음식을 피해야 하는가이다. 대표적으로 수면을 방해하는 것은 카페인과 알코올 그리고 설탕 함유량이 높은 음식이다. 또 너무 매운 음식도 수면에 도움이 되지 않는다. 많은 사람들이 술을 마시면 쉽게 잠들 수 있다고 생각한다. 물론 빨리 잠이 들 수는 있지만 숙면은 취하기 어렵다. 결국은 잠을 자도 피로가 잘 풀리지 않는 상태가 된다.

수면에 좋은 음식을 챙겨 먹는 것도 중요하지만, 언제 먹느냐도 중요하다. 모든 음식은 잠자리에 들기 최소한 두세 시간 전에 먹어야 한다. 그래야 위장의 움직임이 어느 정도 가라앉고 편안하게 잠을 잘 수 있다. 만일 야식에 술까지 한잔했다면 그날은 숙면을 포기해야 한다.

다시 숙면을 방해하는 것으로 알려진 카페인에 대한 이야기로 돌아가 보자. 만성피로와 스트레스 때문에 찾아오는 환자들의 경우, 카페인 중독 환자들이 상당히 많다. 그들은 일단 커피로 하루를 시작하며 오전을 버틴다. 점심식사 후에 두 번째 커피로 오후를 버틴다. 그 이후에는 수시로 커피를 찾는다. 이렇게 커피를 자주 마시는 사람들은 대부분 피곤함에 시달린다. 실제로 만성피로의 정도와 카페인의 섭취량이 정비례한다는 연구결과도 있다.

카페인 과다 섭취로 피곤을 풀려는 환자들에게 나는 이렇게 말한다.

"피곤할 때 카페인을 먹는 건 미래의 에너지를 미리 가져다 쓰는 것과 같습니다!"

사람은 피곤하면 쉬어야 한다. 잠을 자야 한다. 그래서 다시 에너지를 만들어서 써야 한다. 그런데 고갈된 에너지를 보충하기 위해서 카페인을 먹는다면 당연히 상태가 나빠질 수밖에 없다. 돈이 없으면 아끼거나 벌어서 써야 하는데 계속 빚을 내서 쓰는 것과 같다. 빚의 끝은 결국 파산이다. 마찬가지로 과도하게 쓴 에너지의 빚은 '번-아웃'burn-out으로 나타난다.

카페인은 가능한 적게 먹어야 한다. 카페인이 우리 몸에서 빠져나가는 데는 보통 12시간에서 24시간이 걸린다. 그러므로 낮 시간 동안 카페인 음료를 마신다 해도 수면에 영향을 줄 수 있다. 낮에 너무 피곤함을 느낀다면 카페인 대신 차라리 짧은 낮잠을 택하라. 장기적으로 건강을 생각한다면 그것이 훨씬 좋다. 실제로 캘리포니아대학 연구진들은 카페인과 낮잠의 대결을 연구했다. 당연히 승리는 낮잠이었다. 피곤함을 느낄 때 카페인을 먹은 사람보다 낮잠을 택한 사람이 운동 능력과 기억 능력이 더 우수했다.

낮잠을 잔다고 해서 늘어지게 오랫동안 잘 필요는 없다. 직장에 다니는 이들에게 이것은 현실적으로도 불가능하다. 점심 시간이나 휴식 시간을 이용해서 의자나 소파에 편하게 앉아 눈을 감고 잠깐 잠을 청하는 것으로 충분하다. 10~15분간 깜빡 졸 수 있다면 대성공이다. 비록 잠들지 못하더라도 분명 피로가 줄어드는 것을 느낄 것이다.

낮잠은 나태함이나 나약함, 게으름의 상징이 아니다. 오히려 적정한 휴식을 통해서 더 많은 에너지와 더 좋은 감정을 가질 수 있는 현명한 방법이다.

숙면과 동침하기 위한 몸을 준비하라

운동이 숙면에 도움이 된다는 사실은 모두가 잘 알고 있다. 단지 너무 늦은 시간, 즉 잠들기 직전의 운동은 도움이 되지 않는다. 특히 운동이 끝나고 나면 반드시 스트레칭으로 근육을 이완시켜주어야 한다. 잠을 자기 전에 근육이 수축되어 있으면 잠이 들기 어렵다. 그러니 스트레칭을 통한 근육 이완으로 숙면을 준비하자. 그러고 나서 몸의 힘을 빼는 연습을 하자. 몸에서 힘을 빼면 근육의 긴장이 풀리고 이완될 뿐 아니라 심리적으로도 이완된다.

몸에서 힘을 빼려면 어떻게 해야 할까? 앞에서 설명한 심신 이완요법을 실천하면 된다. 정말 푹 잘 자고 싶다면 꼭 해보기 바란다.

그리고 한 가지 더 추가한다면 멜라토닌을 잘 만들어놓는 것이 필요하다. 앞에서 멜라토닌 생성에 도움이 되는 음식에 대해서 알아보았다. 그런데 아무리 음식을 잘 챙겨 먹는다고 해도 멜라토닌이 쉽게 만들어지는 것은 아니다. 멜라토닌이 잘 분비되기 위해서는 두 가지 조건이 필요하다. 바로 '햇빛'과 '걷기'다.

당신은 아침에 눈을 떠서 몇 시쯤 처음으로 햇빛을 보는가? 그 시간이 매우 중요하다. 아침 첫 햇빛을 본 시간으로부터 15시간 정도 지나야 뇌에서 멜라토닌이 분비되기 때문이다. 만일 아침 6시에 처음 햇빛을 본다면 밤 9시부터는 졸릴 수 있다. 아침 10시에 처음 햇빛을 본다면 새벽 1시나 돼야 멜라토닌이 나온다. 이런 원리에 의해 결국 아침에 일찍 일어나는 사람이 밤에 쉽게 잠든다.

낮에 햇빛을 많이 보면 멜라토닌의 양이 늘어나므로, 오후 3시 전에 야외에 나가 햇빛을 받으며 가볍게 산책하는 것이 좋다. 걷는 운동도 멜라토닌의 분비를 돕기 때문이다. 여기서 한 가지 명심할 것은 뛰는 것보다 걷는 것이 더 좋다는 점이다. 충분한 햇빛을 쬐며 걷기를 통해서 좋은 수면을 위한 몸 상태를 준비해보자.

숙면과 동침하기 위한 마음을 준비하라

잠을 제대로 못자는 사람들은 대부분 걱정이 많은 사람이다. 또는 정신적 스트레스가 심해서 긴장이 연속되는 사람들이다. 그러므로 심리적 긴장 상태가 정상화되는 것은 숙면을 위한 중요한 조건이다. 감정조절을 위한 심리적 방법들은 다음 꼭지에서 자세히 설명하려 한다. 거기에 제시한 방법들이 감정을 안정시켜주고 숙면에도 도움을 줄 것이다. 그 전에 수면과 관련된 몇 가지 마음 준비에 대해서 알아보자.

오랫동안 불면증에 시달리며 잠을 잘 못 자는 사람들의 가장 큰 걱정거리가 무엇일까? 돈 걱정? 일 걱정? 사람 걱정? 아니다. 바로 '잠 걱정'이다. '지금 잠을 못 자면 내일 힘들 텐데…', '빨리 잠들어야 하는데…', '잠이 안 와서 걱정이네…'. 이러한 잠 걱정이 결국 불면을 유발한다. 잠을 걱정하느라 정작 잠을 못 자는 것이다.

물론 처음부터 이러한 잠 걱정을 한 것은 아니고, 여러 가지 일에 대한 걱정, 가족에 대한 걱정, 돈에 대한 걱정 등등으로 잠을 이루지 못했을 것이다. 그러다가 시간이 지나면서 불면증으로 연결되고 결국 육체적·감정적으로 더 피로해지는 것을 느낀다. 그러다 보면 잠이 안 온다는 것을 느끼면서 이제는 잠 걱정이 들기 시작한다. 잠을 못 잘까봐 걱정하면서 결국 그 걱정이 잠을 더 못 자게 하는 아이러니한 악순환에 빠져버린다.

이 악순환의 고리를 끊어주는 몇 가지 방법이 있다. 가장 쉽게 시작해볼 수 있는 방법을 이야기하기 전에 미리 말해둔다. 그 방법을 듣고 놀라지 마라. 그것은 바로 뜬눈으로 밤을 꼴딱 새기로 마음을 먹는 것이다. 놀랐는가? 농담이 아니다. 실제로 이 방법은 효과가 있다.

잠을 청하면서 침대에 오래 누워 있는 것은 도움이 되지 않는다. 차라리 침실 밖으로 나와서 책을 읽어라. 그리고 결심하라. 오늘 하루는 잠을 안 자겠다고. '내일 좀 힘들겠지만 하루 안 잔다고 큰 일이 있겠는가?' 이렇게 마음먹고 버텨보는 것이다. 그러면 일단 잠 걱정은 없어진다. 그리고 편안한 마음으로 책을 읽어보자. 그러다 졸리면 밤

새우는 것을 포기하고 그냥 자면 된다.

미국의 정신과 의사이면서 현대 최면 분야의 최고 권위자인 밀턴 에릭슨Milton Erickson은 이 방법을 환자들에게 자주 사용했다. 이 방법을 통해 실제 불면증 환자들의 잠 걱정을 해결하고 잠을 자게 만들었다. 만일 불면증에 시달리고 있다면 한번 따라 해보자.

그다음으로 불면과 잠 걱정의 악순환의 고리를 깨뜨리는 좋은 방법으로는 명상이 있다. 명상은 수면뿐 아니라 감정조절과 정신적 건강에도 도움이 되는 탁월한 방법이라는 연구결과가 계속 나오고 있다. 명상을 통해 감정을 조절하면 잠 걱정을 떨쳐내 깊은 잠을 잘 수 있으니 한번 시도해보자. 명상에 대한 이야기는 감정조절을 위한 심리적 방법을 제시하며 더 자세히 다룰 것이다.

잠 걱정이 아닌 다른 걱정으로 잠을 못 이루는 사람들도 많다. 이들은 평소에도 걱정이 많은 편이지만, 잠자리에만 누우면 오만 가지 걱정들이 전부 떠오르면서 잠을 이루지 못한다. 이런 사람들을 위해 제시되는 방법이 바로 '걱정 계획'을 세우는 것이다. 즉 아무 때나 걱정하지 말고 걱정도 시간을 정해서 하자는 것이다.

하루에 1시간을 걱정을 위해 할애한다. 그리고 그 시간에 맘껏 걱정하는 것이다. 잠자리에 들게 되었을 때도 걱정이 밀려온다면 내일 걱정하는 시간에 하기로 마음먹고 일단 덮어두자. 그렇게 생각하면 한결 마음이 가벼워진다. 지금 걱정한다고 해결될 일도 아니니, 내일 계획된 시간에 걱정하면 된다.

더불어 걱정 대신 좋은 이미지를 떠올리는 연습을 하는 것도 도움이 된다. 평온한 호수, 넓은 바다, 평화로운 숲속 등. 그런 장면과 소리, 이미지들을 상상하며 입꼬리를 올리고 미소를 지어보자. 이렇게 좋은 이미지를 상상하는 것은 마음을 편안하게 유지하는 데 매우 좋은 방법이다. 우리의 뇌는 실제와 상상을 구분하지 못하기 때문에 상상만으로도 실제 그런 상태를 겪는 것 같은 효과를 줄 수 있다.

우리의 뇌가 세상을 인지하는 방법은 감각을 통해서다. 즉 촉각, 미각, 후각, 청각, 시각 이렇게 다섯 가지 감각을 동원해서 세상을 인지하는데, 우리가 감각적으로 생생하게 상상할 수 있다면 뇌는 실제와 상상을 구별하지 못한다는 얘기다.

예를 들면 머릿속으로 평화로운 숲속 이미지를 떠올린다. 숲속에서 들려오는 새 소리를 불러오고, 따사롭게 내려쬐는 햇살을 떠올리면서 평온한 고요를 상상한다. 그리고 머리를 간지럽히며 불어오는 산들바람의 감각을 상상으로 느껴본다. 이렇게 여러 가지 감각들을 동원한 상상은 실제로 뇌를 그 상황처럼 착각하게 만들어주기 때문에 감정의 변화가 일어난다.

이렇게 좋은 상상을 통해서 마음을 편안하게 만들어주는 것은, 좋은 잠을 이루는 데 아주 중요하고 효과적인 방법 중 하나다.

저절로 잠이 오는 수면 루틴 만들기

수면에도 루틴routine이 있다. 루틴이란 무언가를 하기 전에 항상 똑같은 행위를 하는 습관을 말한다. 루틴은 운동선수들에게 매우 중요하다. 특히 골프선수들에게는 '프리 샷 루틴'pre-shot routine이라는 것이 있다.

예를 들면 공 뒤에서 목표 지점을 한번 바라본다. 그리고 가볍게 빈 스윙을 하고 공으로 다가간다. 그리고 자신만의 몸동작을 연습하고 공을 친다. 이러한 동작들은 선수마다 다르지만 대개의 선수들이 공을 칠 때마다 늘 똑같은 동작을 반복한다. 그래서 실제 유명 골프선수들의 프리 샷 루틴에 걸리는 시간을 측정해보면 매번 공을 칠 때마다 1초의 차이도 없이 똑같다고 한다. 그러면 이러한 루틴이 어떻게 도움이 되는 것일까?

이 과정은 심리적 안정감을 주는 아주 중요한 행위다. 골프라는 운동 자체가 워낙 예민해서 아무리 숙달된 프로선수라 해도 실수가 많은 운동이다. 실수를 줄이기 위한 심리적 안정이 매우 중요하기에 공을 치기 전에 항상 일정한 행위를 함으로써 심리적 안정을 찾고 신체를 준비하는 것이다. 이러한 과정을 수면에도 적용할 수 있다.

우리는 잠을 자기 전에 하는 행동들이 있다. 양치질을 하고, 로션을 바르면서 거울을 보거나 기도를 하기도 한다. 또는 간단한 스트레칭을 하기도 한다. 그리고 잠자리에 들기 위한 옷으로 갈아입기도 한다. 이러한 과정을 꾸준히 매일 하다 보면 스스로 몸과 마음에 잠들라는 준비 신호를 주게 된다. 즉 자신만의 루틴을 통해서 잠들기 위한 몸과 마음의 준비를 시키는 것이다.

그런데 이때 몇 가지 주의할 것이 있다. 잠잘 때는 가급적 수면을 위한 잠옷을 입어라. 운동복이나 평상복을 입고 자는 것은 좋지 않다. 이것이 습관이 되면 잠옷을 입으면서 이미 수면 준비 상태가 된다. 또 긴장을 이완할 수 있는 몇 가지 행동들을 수면 전 루틴에 포함시켜라. 예를 들면 앞에서 말한 간단한 스트레칭과 심호흡을 들 수 있다. 이러한 루틴을 통해서 몸과 마음을 이완시키고 편안한 수면을 준비하자.

몸을 바꾸면 우울감과 불안감이 줄어든다

만일 이유 없이 기운이 없고 무기력해지면서 의욕이 떨어진다면 우울증을 의심해야 한다. 앞서 말한 우울증 초기 증세를 보이던 고등학교 후배의 경우도 마찬가지였다. 그도 처음에는 우울함을 느끼지 못했다. 단지 평소에 좋아하던 일들에 흥미가 떨어지면서 무기력함을 느끼는 것으로 시작되었다. 내가 후배에게 그게 우울증 증상이라고 말했을 때 후배는 믿기지 않는 눈치였다. 그러나 설명을 듣고 나서 나에게 묻기 시작했다.

"형, 그럼 어떻게 해야 되죠? 우울증 약을 먹어야 하나요?"

"글쎄다. 증상이 더 심해지면 약을 먹으면서 치료를 해야 하는데,

내 생각에는 아직 심하지 않으니까… 음, 일단 다른 방법을 먼저 써 보자."

"무슨 방법이요?"

나는 그에게 먼저 몸을 바꿀 것을 주문했다. 우울함을 줄여주는 세로토닌이 많이 만들어질 수 있는 몸을 만드는 것이다. 세로토닌이 행복 호르몬이라고 불리는 데는 이유가 있다. 왜냐하면 세로토닌이 기분을 조절해 평안함을 주는 호르몬이기 때문이다. 세로토닌이 부족해지면 우울증이나 불안증이 생길 수 있다. 그래서 항우울제 약물 중에는 세로토닌의 역할을 증대시키는 작용을 하는 약들이 있다.

나는 그러한 약을 먹기 전에 먼저 세로토닌을 잘 만들 수 있는 몸을 만들어보라고 권유했다. 그러기 위해 다음과 같은 세 가지를 실천하도록 했다. 이 방법들은 숙면을 위해 실천해야 하는 방법들과 매우 유사한데, 그 이유는 세로토닌과 멜라토닌이 사촌지간과 같은 호르몬이기 때문이다. 즉 이 둘은 같은 종류의 물질이다. 그래서 세로토닌이 증가되면 불안감과 우울감이 줄어들 뿐 아니라 숙면에도 도움이 된다. 아래 세 가지 방법을 잘 살펴보고 따라 해보자.

첫째, 세로토닌을 잘 만들 수 있는 음식 챙겨 먹기

둘째, 햇빛과 친해지기

셋째, 리듬 운동과 명상하기

음식으로 내 마음의 양분 챙기기

세로토닌과 멜라토닌의 원료는 모두 트립토판이라고 하는 아미노산이다. 이것이 많이 함유된 대표적 음식으로 붉은 고기, 유제품, 견과류, 바나나, 현미 등이 있다. 그리고 트립토판이 세로토닌이나 멜라토닌으로 잘 바뀔 수 있도록 도와주는 비타민, 미네랄 등이 필요하다. 그러니 신선한 야채와 과일도 함께 먹어주는 것이 좋다. 이러한 음식을 충분히 먹으면 일단 세로토닌의 원료가 준비된 것이다.

햇빛과 친해지고 자주 만나기

일단 세로토닌이 만들어질 원료가 준비되었으면 잘 만들어지기 위한 자극이 필요하다. 그 첫 번째 자극이 햇빛이다. 그래서 아침 일찍 그리고 낮 시간에 밝은 햇빛을 쬐는 것은 세로토닌을 만드는 데 아주 좋다. 우리는 보통 햇빛을 쬐라고 하면 비타민D vitamin D를 떠올린다. 물론 비타민D도 형성이 되지만 만들어지는 방법이 다르다. 비타민D는 햇빛의 자외선이 피부에 닿으면서 생성되기 때문에 햇빛을 피부에 쬐어야 한다. 옷으로 피부 노출을 가리거나 자외선차단제를 사용한 경우에는 소용이 없다.

그런데 세로토닌은 다르다. 세로토닌은 자외선이 피부와 만나서 생기는 것이 아니라 빛이 갖고 있는 에너지가 눈을 통해 들어올 때

생성된다. 즉 빛 에너지가 망막에 있는 1억 개 이상의 광수용체에 전달되면 시신경을 통해서 시각중추와 송과선으로, 그리고 결국 시상하부로 전달된다. 그러면 신경전달물질을 만들기 쉬운 상태가 된다. 즉 비타민D는 햇빛을 피부로 받아야 하지만, 세로토닌은 눈으로 받아야 한다. 그래서 선글라스는 쓰지 않아야 한다.

실제 미국과 유럽에서는 우울증 치료법 중에 라이트 테라피Light Therapy가 있다. 4,000럭스 이상의 밝은 빛을 쬐어서 세로토닌을 활성화시켜주는 치료법이다. 햇빛과 친해지는 것은 매우 중요하다. 햇빛은 우리를 행복하게 만들어주고, 숙면에도 도움이 되니 말이다.

마음을 다독이는 리듬 운동과 명상하기

햇빛을 쬐면서 함께 해주면 좋은 것이 바로 리듬 운동인데, 파워 워킹 또는 조깅이 여기 해당한다. 낮 시간에 30분 정도 햇빛 아래서 이러한 운동을 하는 것은 세로토닌 형성에 아주 큰 도움이 된다. 그뿐 아니라 껌을 씹거나 음식을 먹을 때 의식적으로 오랫동안 꼭꼭 씹는 것도 일종의 리듬 운동의 역할을 한다. 이러한 행동을 통해서 세로토닌을 더 적극적으로 만들어낼 수 있다.

실제 운동을 통해서 우울증을 극복한 사람들이 있다. 그중 대표적인 사람이 블랑카로 잘 알려진 개그맨 정철규 씨다. "저는 스리랑카에서 온 블랑카입니다. 사장님! 나빠요!" 이 멘트가 기억나는 독자들이 있을 것이다. 그는 혜성같이 나타나서 하루아침에 브라운관의 스타로 떠오른 개그맨이다. 2003년 KBS 개그맨으로 데뷔했는데, 데뷔하루 만에 검색어 순위 1위에 오르는 기염을 토했다. 그리고 얼마 후바로 온라인 조사에서 개그맨 순위 1위를 차지했고, 2004년 KBS 연예대상에서는 신인상을 수상했다. 정말 대단한 개그맨이었다. 나도 그의 개그를 매우 좋아했다. 그렇게 화려했던 정철규 씨가 브라운관에서 모습을 감춘 데는 이유가 있었다. 그에게 찾아온 우울증 때문이었다. 인터뷰에서 그는 당시의 상황을 이렇게 말한다.

"그냥 다 하기 싫더라고요. 사람도 만나기 싫고, 일이 들어와도 하기 싫고, 누구한테 연락 오는 것도 싫고, 아무런 의욕이 없었어요. 그래서 폐인처럼 지냈죠. 매일 저녁마다 술만 먹었으니까요."

한순간에 그를 덮친 의욕저하와 무기력감은 우울증의 시작이었다. 그는 점차 행복함을 잃어갔다. 뭘 하든 재미있는 것이 없었다. 폐인처럼 생활을 하던 그를 구출해준 사람이 있었는데, 바로 개그맨 선배이자 친한 동료인 안상태 씨였다. 그는 매일 집에만 있고 싶어하고, 밖에 나가는 것을 귀찮아하는 정철규 씨를 억지로 끌고 밖으로 나갔다. 그리고 햇빛을 쬐면서 지칠 때까지 걷자고 했다. 그러다 정철규 씨에게 조그만 변화가 일어나기 시작했다. 그때의 기분을 그는 이렇게 말했다.

"늘 집에만 있다가, 밖에 나와서 한강의 경치를 보니까 좋더라고요. 걷다 보니 땀도 많이 흘려서 하루는 집에 와서 샤워를 하고 물 한잔을 먹는데, 그 순간 물맛이 너무 좋은 거예요."

그는 정말 오랜만에 행복감을 느꼈다고 한다. 물맛이 좋다는 것을 느낄 수 있게 되었고, 배고픔을 느끼게 되었으며, 밥을 먹는 순간 행복한 마음이 들기 시작했다고 말한다. 아마도 그 순간, 그의 뇌에서는 세로토닌이 작동하고 있었을 것이다.

동료의 손에 이끌려 시작한 운동 덕분에 다행히 정철규 씨는 점차 회복되었다. 그리고 그는 지금 열심히 활동하고 있다. 나는 그를 좋아했던 한 사람으로 그의 모습을 브라운관에서 더 자주 볼 수 있기를 고대한다. 물론 정철규 씨가 약물치료를 받지 않은 건 아니었을 것이다. 그러나 햇빛과 운동이 그에게 새로운 희망과 행복감을 주는 데 큰 역할을 해준 것은 틀림없다.

이렇게 몸을 움직이는 운동이 우울증에 효과가 있다는 사실은 이미 여러 의학 논문으로도 발표되었다. 영국정신의학저널The British Journal of Psychiatry에 실린 연구결과에 따르면 약 1시간의 운동을 주 3회 12주간 실시한 결과, 실제 우울증상이 많이 감소되었고, 이 효과는 약 1년 후까지 지속되었다고 한다.

이제 우울한 감정이 든다면 몸을 먼저 움직여보자. 그러면 분명히 우울한 감정이 줄어들게 된다. 또한 근육 이완과 심호흡을 통해서 마음을 이완시키는 작업까지 함께 해준다면 더할 나위 없이 좋다. 이러한 활동을 통해서 만들어진 세로토닌은 우리의 감정을 행복감으로 채울 것이다. 그러나 이러한 노력에도 불구하고 계속 우울증상이 지

속되거나 운동조차 못할 정도로 의욕이 떨어진다면, 그때는 반드시
정신건강의학과 전문의와 상담해야 한다.

딱 2분 만에 내 몸의 호르몬 바꾸는 방법

파블로프Ivan Pavlov라는 생물학자 이야기는 다 들어봤을 것이다. 그는 개에게 음식을 주면서 동시에 종소리를 들려주었다. 이렇게 수차례 음식에 대한 반응과 종소리를 서로 조건화시켰더니, 나중에는 음식 없이 종소리만 들려주어도 개들은 침을 흘렸다. 이 실험이 그 유명한 파블로프의 조건반사 실험이다. 그런데 이러한 조건반사는 개에게만 일어나는 것이 아니다. 우리 인간들도 똑같이 조건반사가 만들어진다. 우리는 인간이기 전에 결국 동물이기 때문이다.

대표적인 예가 드라마 음악이다. 감정이 몰입된 상태에서 드라마를 보고 있을 때 흘러나오는 드라마OST는 우리에게 확실히 조건반사를 형성한다. 그 드라마가 종영되고 나서도 우연히 다른 곳이나 다른 프로그램에서 그 음악을 들으면 그때의 감정이 되살아난다. 이렇게 감정과 연결되는 조건반사는 아주 쉽게 만들어진다. 마찬가지로 우리 몸의 근육과 감정 간에도 조건반사가 형성된다.

즉 기분이 우울하면 우리는 자신도 모르게 어깨가 처지고 발걸음이 무거워진다. 또는 스트레스를 받아 불안해지면 우리 몸의 근육들이 수축된다. 이렇게 수축된 근육과 축 처진 어깨, 무거운 발걸음 그리고 일그러진 표정은 그 사람의 감정을 그대로 보여준다. 이러한 상태가 자주 발생하면 그 상태로 조건반사가 만들어진다. 즉 불안하고 우울하고 민감한 부정적 감정 상태와 나쁜 표정, 수축된 근육, 우울한 자세에 조건반사가 형성되면 서로 악영향을 주고받는 악순환에 빠지게 된다. 이러한 악순환의 고리를 끊어내기 위한 방법이 있는데, 바로 아래 세 가지다.

첫째, 근육을 이완시킨다. 즉 스트레칭을 한다.
둘째, 억지로 웃는 표정을 만든다.
셋째, 자신감 있는 자세를 취한다.

첫째 방법인 근육 이완에 대해서는 앞의 심신 이완요법 부분에서 충분히 설명되었다. 그렇다면 이제 둘째 방법과 셋째 방법에 대해 조금 더 자세히 알아보자.

억지웃음이 나의 감정을 바꾼다

오래 전 웃음 치료 강의를 들을 때였다. 강사는 자꾸 우리에게 억지로라도 웃으라고 했다. 통 웃을 기분이 나지 않았다. 강사는 앞에서 요절복통하는 흉내를 내며 큰 소리로 웃었다. 그 모습을 보면서 어찌나 어색하고, 손발이 오그라들던지⋯. 그 자리에 앉아 있는 것이 힘들 정도였다.

당시 나는 속으로 '마음에서 우러나지 않는 억지웃음이 무슨 소용이 있을까? 웃을 일이 있어야 웃지. 저렇게 이상하게 웃고 싶지는 않아'라고 생각했다. 그리고 오랜 세월이 흘렀다. 심신의학을 공부하는 과정에서 웃음은 또 한 번 내 앞에 다가왔다. 여러 가지 연구들을 보면서 조금씩 내 마음이 열리기 시작했고, 내가 웃음에 대해 상당한 오해를 하고 있음을 알았다.

미국 캘리포니아대학의 폴 에크먼Paul Ekman 교수는 심리학자이자 얼굴표정 전문가다. 우리 얼굴에는 약 42개의 표정을 만들어내는 근육이 있다. 폴 에크먼 교수는 이 표정 근육들을 분석했다.

그는 근육들의 조합에 따라서 서로 다른 미소가 만들어지는 것을 알게 되었고, 이를 바탕으로 총 19가지의 미소 모양을 분류해냈다. 그런데 그 19가지 미소 중에서 18가지가 가짜미소라 했다. 즉 직장 상사의 썰렁한 유머에 웃는 척하는 표정이나 고객을 대하는 일부 스튜어디스의 억지미소와 같은 것들이다. 억지웃음이 아닌 진정한 미소는 마음속 기쁨과 행복에서 우러나오는 표정이다. 이러한 진짜 미소를 프랑스의 심리학자 기욤 뒤셴Guillaume Duchenne의 이름을 따서 '뒤셴 미소'라 한다.

진정한 웃음인 '뒤셴 미소'의 특징은 이렇다. 우선 입술 끝이 귀 쪽으로 당겨지고 두 눈이 안쪽으로 모아지면서 눈가 주름이 생긴다. 동시에 두 뺨의 윗부분, 즉 광대 부분이 위로 당겨진다. 이것이 진정한 미소다. 억지로 할 수도 없을 만큼 근육의 움직임이 복잡하다.

그러면 꼭 이러한 미소를 지어야만 행복해지는 걸까? 꼭 그렇지 않다는 것은 우리에게 참으로 기쁜 소식이다. 폴 에크먼 교수는 "우리의 뇌는 진짜웃음과 가짜웃음을 구분하지 못한다."고 했다. 즉 우리가 억지웃음을 지어도 우리 뇌의 착각으로 인해서 즐거운 감정을 유발시키는 신경이 실제로 작용한다는 것이다. 그래서 진짜웃음과 유사한 결과를 보여준다고 한다.

그는 표정에 의한 몸의 반응을 알아보기 위해서 실험을 했다. 실험 대상자들에게 생리적 반응을 측정하는 센서들을 붙이고 그 반응을 기록했다. 그리고 잠시 후 그들에게 일부러 화가 난 표정을 짓게 했다. 사실 그들은 실제 화가 나지 않았다. 단지 화난 표정만 지을 뿐이었다.

그런데 센서의 반응에 변화가 나타나기 시작했다. 희한하게도 화난 사람에게서 나타나는 생리적 반응과 같았다. 즉 표정을 바꾸기만 해도 실제로 사람의 몸과 마음이 바뀐다는 이야기다. UCLA대학 통증치료센터의 데이비드 브레슬러David Bresler 박사는 통증이 심한 환자에게 1시간에 2번씩 억지로라도 거울을 보며 웃게 했다. 그 결과 통증 조절에 큰 효과를 보았다. 즉 억지로 웃는 것도 큰 효과가 있는 것이다.

실제로 웃음으로 절망을 이겨낸 사람들이 많다. 이스라엘의 나탄 샤란스키Natan Sharansky 장관이 그 주인공 중 한 명이다. 그는 우크라이나 출신 유대인으로 구소련의 반체제 인사였다. 구소련에서 유대인 인권운동을 펼치던 그는 미국 스파이라는 혐의로 체포되었고, 그후 수용소에서 자그마치 9년이라는 세월을 보내야 했다.

그는 사형선고를 받고 독방에 수감되었다. 그때 그에게 닥친 죽음에 대한 공포와 불안, 그리고 절망적인 상황은 어느 누구라도 미치게 만들 만큼 힘든 것이었다. 그러나 나탄 샤란스키 장관은 공포와 불안에 떨지 않았다. 그가 그런 상황에서 마음을 다스릴 수 있었던 비결은 바로 '웃음'이었다. 그는 웃음을 통해서 자신의 뇌를 속였고 긍정적인 마음을 갖게 된 것이다. 그는 자신의 수용소 생활을 회상하면서 이렇게 말한다.

"자유로울 때 웃음은 하나의 사치일지도 모른다. 그러나 감옥에서의 웃음은 내가 가진 유일한 무기다. 감옥에서라도 웃을 수 있는 순간, 당신은 자유롭다."

삶이 힘겹다고 느껴질 때, 내가 해야 할 일들에 대한 압박이 마음을 짓누를 때, 무기력함이 내 앞을 가로막을 때, 그러한 순간을 이겨내기 위해 우리는 웃는 연습을 해야 한다. 꼭 '뒤센 미소'가 아니어도 좋다. 지금 당장 거울을 꺼내서 보자. 그 속에 비친 나의 모습을 보고, 뇌를 속일 수 있을 만큼 아주 큰 '억지웃음'을 웃어보자.

자세를 바꾸면 호르몬도 바뀐다

실제로 자세를 바꾸면 감정이 달라질까? 대답은 "그렇다."이다. 자신감 넘치는 자세를 취하기 위해서 지금 당장 거울을 보고 서라. 그리고 어깨를 활짝 펴라. 가슴을 앞으로 내밀고 고개를 들어라. 당당하게 약간 두 팔을 벌리고 선 뒤, 미소를 지어라. 이러한 행동만으로도 우리의 감정은 긍정적으로 바뀐다.

실제로 자세에 의한 감정의 변화를 알아보기 위해서 실험을 한 연구자들이 있다. 그들은 우리 몸의 호르몬 중 코르티솔과 테스토스테론, 이 두 가지를 측정하기로 했다. 코르티솔은 스트레스를 받을 때 더 많이 분비되는 부신피질 호르몬이다. 즉 우리를 긴장시키거나 불안하게 만드는 것과 관련이 있다.

반대로 테스토스테론은 남성호르몬이다. 남성호르몬이지만 여성에게도 있다. 이것은 우리에게 자신감을 주고 더 적극적인 생각을 하게 만드는 호르몬이다. 이러한 두 가지 호르몬을 측정하고 나서 실험 대상자들의 자세를 바꾸게 한 뒤 호르몬의 수치에 변화가 생겼는지 확인했다. 결과는 믿기지 않을 정도로 놀라웠다.

실험 대상자들에게 각각 두 가지 자세를 취하게 했다. 하나는 축 처진 어깨와 자신감이 떨어져 보이는 소극적인 자세, 즉 웅크리는 자세였다. 다른 하나는 당당하게 고개를 든 채 어깨를 펴고, 가슴을 앞으로 내밀어 두 손을 허리에 걸치거나 두 팔을 가볍게 벌리고 서 있는 자세였다. 이렇게 두 종류의 자세를 취하고 단지 2분 정도의 시간이 지났을 뿐인데 그들의 호르몬 수치에는 변화가 생겼다.

먼저 부정적 자세를 취한 사람들에서는 그 전보다 코르티솔 수치가 17퍼센트 증가했고, 테스토스테론 수치는 10퍼센트가 감소했다. 반대로 긍정적이고 자신감 넘치는 자세를 취한 사람들에게서는 코르티솔 수치가 25퍼센트나 감소했고, 테스토스테론 수치는 자그마치 19퍼센트나 증가했다. 단지 2분만 자세를 바꾸었을 뿐인데 말이다. 정말 놀랍지 아니한가?

이러한 연구 결과는 2010년 심리학 학술지에 발표되었다. 이쯤 되면 몸의 자세를 바꾸는 아주 간단한 조치만으로도 호르몬과 그로 인한 감정도 바꿀 수 있음이 증명된 것이다. 그러니 지금 당장 몸의 자세를 바르게 해보자. 당당한 자세는 당신의 호르몬과 당신의 감정까지 바꾸어준다.

지금까지 알아본 몸을 통한 생활 습관의 변화들은 실제로 매우 유용하다. 스트레스를 잘 이겨낼 수 있는 몸을 만들기 위한 영양소 섭취부터 감정과 밀접한 관계가 있는 양질의 수면을 취하는 것까지. 그뿐인가? 근육과 감정의 조건반사를 기억하자. 억지웃음과 근육 이완,

자신감 넘치는 자세로 좋은 감정을 준비하자. 이렇게 몸의 준비가 되었다면 비록 힘든 역경이 닥쳐오더라도 버텨낼 수 있다.

이제는 더 적극적인 심리적 방법들을 적용해보자. 지금 즉시 가슴을 활짝 펴고 웃는 얼굴로 다음 페이지로 넘어가 보자.

나쁜 감정을 덜어내는 마음 훈련법

앞에서도 살펴보았듯이 몸과 마음은 직접적으로 연결되어 있다. 지금까지는 몸의 변화를 통해서 마음을 변화시키는 여러 가지 방법들을 알아보았다. 이제는 마음 자체를 바꾸기 위한 훈련법을 알아보고 직접 실천해보자. 여기서 소개할 대표적인 마음 훈련법은 바로 메타인지 훈련과 리프레임 훈련이다.

이 훈련들은 감정조절에 큰 도움이 될 뿐 아니라 육체의 건강에도 매우 좋다. 거듭 강조하지만 몸과 마음은 연결되어 있기 때문에 서로 시너지를 주고받을 수 있다. 그뿐 아니라 집중력을 포함한 여러 가지 두뇌 활동 능력도 증가될 수 있는 방법들이니, 꾸준히 실천해나가면 우리의 삶을 변화시키는 데 도움이 될 것이다. 이제 메타인지 훈련법부터 시작해보자.

몸과 마음이 가벼워지는 메타인지 명상법

'메타인지'의 중요성은 아무리 강조해도 지나치지 않다. 왜냐하면 감정을 조절할 수 있는 여러 가지 방법들과 습관들 모두 자신의 감정을 알아차릴 수 있는 '메타인지'가 먼저 되어야 가능하기 때문이다. 자신의 마음을 들여다보는 시간을 갖는 것부터 낙관성 훈련까지, 거의 모든 방법들은 처음에 '자신의 감정을 아는 것'에서부터 시작된다. 그런데 '메타인지'도 훈련을 통해서 점점 숙련될 수 있다. '메타인지'를 잘하기 위한 훈련은 무엇일까? 바로 '명상'meditation이다.

'명상'을 어려운 것이라 생각하는 사람들이 많다. 나 역시 그중 한 명이었다. 명상은 집중력이 좋아야 하고, 생각을 없애야만 하는 것이란 선입견 때문에 어렵게 느껴졌다. 그런데 생각을 없애는 것이 가능하기는 한가? 그래서 못한다고 여겼다. 생각을 없애는 것이 어렵기 때문에 한 가지에만 집중하는 명상도 많이 한다. 그 역시 해보았으나 어렵긴 마찬가지였다.

한 가지 생각만 하는 것처럼 어려운 것도 없다. 자꾸 딴생각이 끼어든다. 그래서 나는 명상이 안 되는 사람이라고 판단하고, 지레 포기해버렸다. 그런데 알고 보니 대부분의 사람들이 비슷했다. 생각을 안 하는 것은 매우 어렵고, 한 가지에만 집중하는 것도 역시나 어렵다. 자꾸 딴생각이 나서 명상이 되지 않는다. 그런데 그게 아니었다. 명상이 어려운 것이 아니라 나를 비롯해 많은 이들이 명상에 대해 잘못 알고 있었던 것이다. 명상이란 아무 생각도 안 하는 게 아니라, 딴생각을 하는 것이었다.

"아니, 딴생각을 하는 것이 '명상'이라니? 말도 안 돼."라고 말하는 이들이 있을 것이다. 성급한 단정으로 책을 덮지 말고 약간의 인내심을 갖기 바란다. 명상을 시작할 때는 한 가지 생각만을 하기 위해서 시작한다. 주로 호흡에 집중하기도 하고, 하나의 물체나 하나의 단어에 집중하기도 한다. 그러나 몇 초 안 돼서 슬며시 다른 생각이 끼어든다. 그리고 잠시 후 '내가 지금 다른 생각을 하고 있구나' 하고 깨닫는다. 바로 이 순간, 이때가 '메타인지'가 작동된 순간이다. 내가 나의 생각을 알아차리는 순간 말이다. 그러면 다시 처음에 집중하던 것으로 돌아오면 된다.

그리고 시간이 지나면 분명히 또 다른 생각이 떠오른다. 언젠가는 또, 다른 생각을 하고 있음을 스스로 알아차리게 된다. 그러면 또 돌아오면 된다. 이렇게 다른 생각으로 갔다가 깨닫고 돌아오고, 또다시 다른 생각으로 갔다고 깨닫고 돌아오는 과정을 계속 반복하는 것이 바로 '명상'이고, 이것이 '메타인지를 연습하는 과정'이다.

그러므로 다른 생각이 자꾸 떠오른다고 실망할 필요가 전혀 없다. 다른 생각이 떠올랐다면 잠시 딴생각을 했음을 깨닫고 돌아오면 된다. '갔다 왔다'를 반복하는 과정에서 '메타인지'가 훈련된다. 마치 아령을 들고 팔을 구부렸다 폈다 하면서 근육을 기르는 것처럼. 실제로 명상을 꾸준히 하게 되면 뇌의 일정 부분이 더 커진다는 연구결과들이 있다. 요가와 관련된 연구에서는 요가를 통해서 정신과 몸을 꾸준히 단련한 사람들이 그렇지 않은 사람들보다 전전두엽 피질이 더 두꺼워져 있음을 밝혀냈다. 메타인지를 잘하는 학생들의 전전두엽 피질이 두껍다는 연구와 같은 맥락으로 보면 된다.

그럼 이제는 현실에서 활용하기 좋은 메타인지 훈련 연습법 중 가장 간단한 2분 명상법을 소개하겠다. 이 방법은 구글의 엔지니어 출신 차드 멍 탄Chade-Meng Tan이 그의 저서《너의 내면을 검색하라》에서 소개한 방법이다.

그는 엔지니어링 분야에서 크게 이름을 떨친 후, 명상의 세계에 빠져들었다. 구글 직원들을 대상으로 7주간의 수업을 진행했고, 그 결과 수업을 받은 사람들은 마음이 편안해지면서 감정조절이 쉬워졌다. 또한 자신감이 더 높아지고 인관관계와 리더십이 더 좋아졌다고 평가했다. 그가 소개한 명상법은 아주 쉽고 간단하다. 그냥 2분간 시간을 내면 된다.

먼저 편안한 자세를 취한다. 그다음에 천천히 호흡한다. 머릿속으로는 그냥 자신의 호흡만 생각한다. 그러다 보면 자신도 모르게 다른 생각이 들게 된다. 그것을 깨달으면 다시 생각을 호흡으로 돌려서 집중한다. 이러한 과정을 약 2분간만 하면 된다. 눈은 감아도 좋고 떠도 좋다. 깊은 호흡을 통해서 몸을 릴렉스시킨다는 느낌을 가지면서 해보자.

나는 여기에 나만의 방법을 추가했다. 심호흡을 하면서 숫자를 떠올린다. 20회의 호흡을 하려고 한다면 20이라는 숫자를 떠올리고 천천히 호흡에 집중한다. 그리고 한 번의 호흡이 끝나면 그다음에는 19라는 숫자를 떠올리고 또 호흡에 집중한다. 그다음은 18, 17, 16… 이렇게 0이 될 때까지 숫자를 떠올리면서 천천히 호흡한다. 물론 중간에 딴생각이 드는 것은 당연하다. 신경 쓰지 말고 그냥 다시 돌아오면 된다. 이렇게 20회 정도 천천히 심호흡을 하는 데는 약 5~10분 정도의 시간이 걸린다. 아주 쉽지 않은가? 일단 여기까지 해보기 바란다.

앞서 우리의 감정과 자세, 표정은 서로 조건반사에 걸려 있다고 말했다. 때문에 호흡을 통한 명상을 하면서 함께 하면 좋은 게 있다. 바로 좋은 자세와 표정이다.

먼저 자신감 있는 자세를 잡는다. 서서 해도 좋고, 힘들다면 앉아서 해도 좋다. 대신 어깨를 활짝 펴고 허리를 곧게 펴서 자신감 있는 자세를 취하자. 팔도 양 옆에 또는 무릎 위에 내려놓되 가볍게 주먹을 쥐어라. 입꼬리를 올리면서 가벼운 미소를 지어보자. 그 상태에서 깊은 호흡을 시작하라. 나의 신체와 표정을 마음껏 활용하면서 동시에 명상을 통한 메타인지 훈련을 해보자. 많은 시간을 들여야 할 필요도 없다. 딱 하루에 5~10분만 하면 된다. 이 짧은 시간이 쌓여 당신의 삶이 조금씩 달라질 것이다.

관점을 바꿔 인생을 다르게 보는 리프레임

'리프레임'reframe이란 말 그대로 '프레임'을 바꾸는 것이다. 여기서 '프레임'은 사람마다 갖고 있는 '자신만의 관점 또는 시각'을 의미한다. 그래서 '리프레임'은 '관점 바꾸기'라고 표현할 수 있다. 즉 어렵고 힘든 역경을 바라보는 나의 관점을 바꾸는 훈련을 하는 것이다. 관점을 바꾸는 순간에 자신이 처한 환경을 다르게 해석하게 되고, 생각이 달라지면서 결국은 나의 감정이 달라지는 효과가 나타난다. 즉 환경을 바꿀 수는 없지만 관점을 바꾸는 순간 나의 감정은 더 좋아질 수 있다. 그런데 이런 '리프레임' 능력을 타고난 사람들이 있다.

그 대표적인 인물이 서울대학교 지구환경과학부의 이상묵 교수다. 그는 리프레임으로 최악의 역경을 딛고 일어섰다. 그는 서울대학교 교수로서 연구생활을 하던 중 2006년 7월, 미국 캘리포니아대학의 초청으로 지질탐사에 나선다. 그런데 그 과정에서 끔찍한 사고가 발생한다. 그와 그의 일행은 사막 지역의 비포장도로를 달리고 있었는데, 강한 바람과 함께 갑작스럽게 몰아친 먼지가 운전자의 시야를 가린 것이다. 앞이 안 보이는 상태에서 미처 장애물을 발견하지 못한 운전자는 결국 차가 전복되는 사고를 일으키고 말았다.

이상묵 교수는 이 사고 이후 사지 마비로 미국의 병원에 3개월간 입원해 있다가 겨우 서울로 옮겨질 수 있었다. 서울에 도착했을 당시에도 사지 마비 상태였다. 호흡을 하는 신경도 마비가 되어서 목에 구멍을 뚫어서 숨을 쉬게 하는 기관루를 삽입하고 있던 그는 여러 가지 의료장비에 의지해 겨우 하루하루 살아가고 있었다. 한순간에 불행이 닥친 것이다. 그는 당시를 회상하며 이렇게 말했다.

"처음 눈을 떴을 때 '머리는 안 다쳤구나' 하는 생각이 들었어요. 그래서 '아, 내가 뭔가는 할 수 있겠구나. 직장생활을 다시 할 수는 있겠구나' 하는 생각을 했지요. 44년을 살아오면서 정상인일 때도 매일 행복한 건 아니었거든요. 다치기 전에도 불행하고 슬픈 날들이 있었고요. 꼭 다쳤다고 해서 계속 불행할 것만 같지는 않다는 생각이 들더라고요."

주위 사람들은 그의 사고를 보고 많은 걱정을 했다. 목을 다쳐서 팔다리를 못 쓰는 중증 장애인이 된 그가 앞으로 할 수 있는 일은 거의 없을 것처럼 보였다. 그러나 그렇지 않았다. 그는 열심히 재활훈련에 돌입했고, 6개월 만에 다시 학교로 복귀했다. 물론 휠체어에 몸을 의지해야 했지만 전과 같이 연구도 하고 강의도 했다.

그는 그렇게 복귀에 성공한 자신을 행운아라고 생각한다. 그리고 이런 말로 많은 사람들에게 용기와 희망을 전한다.

"하나를 잃고 10개의 좋은 걸 얻었어요. 커다란 시련은 동시에 사람을 강하게 만들기도 합니다. 시련을 당했다고 해도 그것을 극복할 수만 있다면, 시련도 좋은 거죠."

이상묵 교수의 이야기를 들으면서 어떤 생각이 드는가? 분명 그는 보통 사람은 아니다. 대개의 사람들은 이런 큰 사고를 당하면 복귀하는 데 2년에서 3년의 시간이 걸린다. 육체적인 재활 때문이 아니라 다친 마음을 회복하는 데 시간이 걸리기 때문이다. 그래서 때로는 재활을 하려는 의욕이 생기기까지 몇 년이 걸리기도 한다. 반면 이상묵 교수는 절망적인 생각을 빨리 털어내고 6개월 만에 재활에 성공했다. 그야말로 리프레임의 황제라 할 수 있다.

모두가 이렇게 리프레임을 잘하는 사람으로 태어났다면 얼마나 좋을까? 하지만 안타깝게도 그렇지 못한 사람이 더 많다. 그럼에도 절망하거나 포기하지 말자. 비록 타고나진 못했어도, 훈련을 통해 리프레임 능력을 높일 수 있으니 말이다. 리프레임만 잘할 수 있다면 상황에 휘둘리지 않고 좋은 감정을 유지하면서 편안한 마음으로 살아갈 수 있다. 여기서 소개하려고 하는 리프레임 훈련 방법은 '감사하기'다.

변화의 작은 시작, 감사하는 마음 갖기

마음 깊이 진정한 감사를 느끼는 사람들에게는 몸과 마음의 변화가 생긴다는 연구가 있다. 롤린 매크로티Rolline McCraty 박사는 실제 사람들의 생리적 상태를 측정하면서 어떤 순간에 몸과 마음이 가장 편안한 상태가 되는지를 조사했다. 그 결과 휴식을 취하거나 명상하고 있을 때보다 심신이 더 편안해지는 순간은 마음속 깊이 '감사함'을 느낄 때였다. 즉 감사함을 느끼는 것은 몸과 마음을 편안하게 만들어 주는 가장 좋은 방법이다.

이와 관련해서는 여러 가지 방법들이 소개되고 있다. 예를 들면 평소에 고마웠던 사람에게 감사 편지를 쓰는 것이다. 감사함을 느끼면서도 제대로 표현하지 못했던 사람에게 감사하는 마음을 편지로 쓰는 과정에서 스스로 평안을 갖게 되는 원리다. 혼자 쉽게, 꾸준히 할 수 있는 또 다른 방법이 있는데, '감사 일기'를 쓰는 것이다.

부정적 성격을 바꾸고 싶어하는 이들에게 가장 쉽게 권할 수 있는 방법이기도 하다. 하지만 많은 사람들이 '감사 일기'를 쓰라는 말을 흘려듣는다. 감사 일기에 대한 이야기를 들은 사람은 많아도 실천하는 사람은 별로 없는 게 현실이다. 반대로 감사 일기를 꾸준히 썼을 때 효과를 못 보는 사람도 거의 없다. '감사 일기'의 효과를 믿고 한번 시도해보자.

사실 나는 감사 일기를 오랫동안 써왔고, 환자들에게도 많이 권해 왔다. 그리고 좋은 결과를 상당히 많이 봐왔다. 과거에는 감사 일기를 저녁에 주로 썼다. 하루에 있었던 일들을 정리하면서 감사 일기를 쓰다 보면 나도 모르게 리프레임을 훈련하게 된다. 평소에는 당연하다고 생각하며 지나쳤던 일들에서 감사를 느끼게 된다. 그러다 요즘에는 주로 아침에 감사 일기를 쓴다. 아침 시간에 감사 기도와 함께 감사 일기를 쓰는 일은 나의 일상이 되었다. 나에게 이 순간은 하루를 시작하면서 긍정의 감정을 불어넣는 시간이다.

매일 숫자를 붙이면서 감사 일기를 쓰는데, 지금 이 글을 쓰고 있는 2018년 2월 5일 오늘 아침에 쓴 감사 일기가 3,662일 째 일기다. 이제 10년이 조금 넘었다. 감사 일기를 쓰는 데는 채 10분도 걸리지 않는다. 그러나 이처럼 꾸준한 하루 10분의 투자가 내 감정을 바꾸어 주는 데 큰 도움을 준 것은 확실하다. 환자들에게 감사 일기를 써보길 권하면서, 내 일기를 보여줄 때도 있다. 그러면 시큰둥하던 환자들의 마음이 바뀌기도 한다.

환자가 정말 감사 일기를 쓰는지 확인하지는 않는다. 스트레스를 주고 싶지 않기 때문이다. 가끔 물어보는 정도로만 끝낸다. 그런데 열심히 감사 일기를 쓰는 환자들 중, 재미있는 경험담을 들려주는 이들도 있었다.

"선생님, 어제는 아침에 출근하는데 갑자기 뒷 차가 제 차를 받았지 뭐예요. 교통사고 처리하느라 지각까지 하고 정말 짜증나는 하루였어요. 밤에 감사 일기를 쓰려는데 도저히 쓸 것이 없더군요. 그래서 그냥 일기장을 덮고 잠자리에 누웠는데, 갑자기 이런 생각이 들더라고요. '만일 내가 더 큰 차에 받혀서 입원이라도 했으면 어쩔 뻔했나? 그래도 작은 교통사고로 끝나고, 많이 다치지 않은 게 정말 다행이다.' 그러면서 이 정도로 해결된 것이 감사하다는 생각이 들지 뭐예요. 그 순간 벌떡 일어나서 일기를 썼어요. 그리고 제 자신에게도 무척 놀랐어요. 제가 이런 생각을 할 수 있다는 자체가 신기했거든요."

이처럼 리프레임 훈련은 생각의 틀을 조금씩 바꾸어준다. 생각이 바뀌면 감정 상태가 달라지고, 외부 환경이 그대로여도 나의 시각과 감정이 달라졌기에 환경도 다르게 느껴진다. 리프레임 훈련을 하면 이런 신기한 일이 누구에게나 일어날 수 있다.

"선생님, 제가 감사 일기를 꾸준히 쓴 지 벌써 2달이 되었는데요, 정말 이상하게 요즘은 짜증이 많이 줄었어요. 그리고 마음도 많이 편해졌고요. 매사에 스트레스라고 느껴졌던 일들이 이제는 그다지 스트레스로 다가오지 않는 것 같아요."

어떤가? 만일 당신이 짜증과 불안 또는 스트레스에 민감하다고 느껴진다면 바로 일기장을 하나 마련하자. 그리고 매일 감사 일기를 써보자. 당신의 삶이 다르게 느껴지는 날이 올 것이다.

이제 이 장을 마무리하면서, 우리의 감정 상태와 몸 상태는 아주 밀접하게 연결되어 있다는 사실을 다시 한 번 강조하고 싶다. 마음이나 감정 자체를 바꾸는 것이 어려울 경우, 육체를 건강하게 바꿈으로써 감정을 조절할 수 있다. 또한 육체와 마찬가지로 마음도 훈련이 가능하다. 앞에서 살펴본 명상을 통한 메타인지 훈련과 리프레임 훈련은 감정을 조절할 수 있게 해주는 매우 효과적인 마음 훈련법이다.

결국 이러한 방법들을 통해서 스스로의 감정을 이해하고 조절하는 훈련을 꾸준히 해나간다면 우리의 몸과 마음은 더 건강해지고 행복해질 수 있다. 또 우리의 삶도 더 성장해나갈 수 있을 것이다.

엔

에필로그

감정을 이해함으로써
우리는 좀 더 행복해질 수 있다

당신은 이 책을 왜 펼쳐 들었는가? 이 책을 읽기 전, 당신은 어떤 감정을 갖고 있었는가? 그리고 책을 다 읽어가는 지금, 당신의 감정 상태는 어떤가? 책을 읽기 전보다는 조금 더 행복해져 있다면 좋겠다.

내가 이 책을 쓴 목적은 단 하나다. 행복한 사람들이 더 많아지기를 바라기 때문이다. 행복한 감정은 우리 삶을 더 풍부하고 윤택하게 만든다. 그리고 자기 혼자만의 것으로 끝나지 않고, 주변에 있는 다른 이들에게도 행복의 감정을 옮기며 좋은 영향을 미치게 된다. 그래서 나는 이 책을 썼다.

병적인 우울증이나 불안장애를 치료하려는 것이 이 책의 목적은 아니다. 그러한 감정들 때문에 일상생활 자체가 힘들다고 느껴진다면 당연히 전문의와 상담해야 한다. 물론 이 책에 제시된 감정을 관리하는 여러 가지 방법을 통해 우울함과 불안함에서 벗어나는 데 도움을 받을 수는 있다.

하지만 그러기 위해서는 먼저 자신의 감정들이 무슨 말을 하고 있는지, 늘 귀를 기울여야 한다. 우리에게 불안, 분노, 슬픔, 우울과 같은 부정적 감정이 일어났던 것은 마음이 보내는 일종의 신호였다.

그러한 감정의 이면에는 '소중함'이 내재돼 있다. 즉 우리는 소중하게 생각하는 대상이 있기 때문에 부정적 감정에 휘말린다. 만일 나에게 '소중함'의 대상이 없다면 부정적 감정도 별로 없을 것이다. 왜냐하면 '소중한' 대상에 대한 바람이나 희망이 없기 때문이다. 나에게 '소중한 것'들이 있기에 그것을 잃을까 봐 불안한 마음이 들고 화가 나기도 하며, 우울해지기도 한다. 그러므로 바꿔 말하자면 부정적 감정은 '나 자신에게 소중한 대상 그리고 소중한 자신의 삶'을 다시 한 번 돌아보라는 신호이기도 하다.

우리는 감정을 통해서 자신의 마음을 다시 돌아보고 자신과 더 친해질 수 있는 기회를 갖게 된다. 그런 과정에서 감정을 이해하고 공부하게 된다. 또 삶을 더 행복하게 살아갈 수 있는 힘을 얻는다.

다른 이들과 마찬가지로 나 역시 행복하고 싶다. 그래서 이 책에 설명한 방법들을 열심히 실천한다. 부정적 에너지로 가득 찼던 과거의 나를 돌아보면 "정말 다행이다."라는 말이 가슴 깊은 곳에서 나온다.

내가 여전히 부정적인 감정으로 자신을 괴롭히면서 피곤하고 힘들게 살고 있다면…, 생각만 해도 아찔하다. 그런 이유로 여기 제시한 방법들이 나에게는 더욱 소중하며, 더 많은 사람들과 나누고 싶다.

진료실을 찾아오는 환자들에게서 지난날의 내 모습을 발견할 때가 있다. 또 스트레스로 힘들어하는 많은 사람들의 모습에서 동병상련의 감정을 느끼기도 한다. 그런 이들에게 내 경험이 도움이 되기를 바란다. 나아가 더 많은 사람들과 함께 감정을 공부하고, 감정을 이해함으로써 감정을 바꾸는 방법들을 공유하고 싶다. 이 책을 읽는 이들과 더불어 행복해지고 싶다. 물론 이 책을 다 읽은 당신도 함께!